flying
wings

# 腾飞的翅膀
## ——学生成长在"燕附"

马熙玲◎主 编
刘燕飞 王彦民◎副主编

九州出版社
JIUZHOUPRESS

## 图书在版编目（CIP）数据

腾飞的翅膀：学生成长在"燕附" / 马熙玲主编.
—北京：九州出版社，2019.11
ISBN 978-7-5108-8436-8

Ⅰ.①腾… Ⅱ.①马… Ⅲ.①中学生－学生生活
Ⅳ.①G635.5

中国版本图书馆CIP数据核字（2019）第247918号

**腾飞的翅膀：学生成长在"燕附"**

| | |
|---|---|
| 作　者 | 马熙玲　主编 |
| 出版发行 | 九州出版社 |
| 地　址 | 北京市西城区阜外大街甲35号（100037） |
| 发行电话 | （010）68992190/3/5/6 |
| 网　址 | www.jiuzhoupress.com |
| 电子信箱 | jiuzhou@jiuzhoupress.com |
| 印　刷 | 河北盛世彩捷印刷有限公司 |
| 开　本 | 710毫米×1000毫米　16开 |
| 印　张 | 14.5 |
| 字　数 | 251千字 |
| 版　次 | 2020年1月第1版 |
| 印　次 | 2020年1月第1次印刷 |
| 书　号 | ISBN 978-7-5108-8436-8 |
| 定　价 | 49.00元 |

# 编　委　会

主　编：马熙玲

副主编：刘燕飞　王彦民

编　委：史锦茹　郑艳青　李小琴　赵　旭

　　　　钱月华　邱　宁　崔　军

# ❦ 前 言 ❧

读了同学们给母校发回来的文稿，我内心深处满满都是感动，校园的一草一木、师生情谊、生生友谊、学习场景、社团活动、阳光跑步……我历历在目。你们有的已经走上工作岗位，有的在攻读更高学位，有的还在象牙塔中汲取养分，无论你们在哪里，高中校园带给你们的一段段记忆，或留恋，或感恩，或一处风景，或一段话语，都已经成为美好的记忆。正是这些碎片化的记忆，在高中生涯里伴随着你们成长，给你们坚持的勇气和向上的力量。

你（2017届毕业生、北京理工大学袁权）说："在这一年，我遇到了一群意气相投的好朋友、好伙伴。我们一同参与组建物理社团、化学社团，策划并实施实验，分享实验成果。我至今记得我们一群人做完粗钛提纯的试验后冲洗并分配钛块时的情景。实验虽然并不很成功，但我们每个人都露出了愉快与满足的笑容。毕竟结果并不那么重要，真正重要的是这个过程中我们所收获的知识、友谊与快乐。"

你（2016届毕业生、中央财经大学马福瑶）说："高中的时候，我很喜欢在校园里闲逛，起初是为了放松心情，但是渐渐地便爱上了校园中的景色。燕附最有名的景色当属教学楼前的玉兰花，白色和粉色的花朵交织在一起开放……老师还要同我们一起上早自习和晚自习，晚上九点多还要在寒风中赶回家的最后一趟车。每每想到这里都想深深地为她们鞠上一躬，并更加严格地要求自己不能辜负老师的期望。"

你（2017届毕业生、中国人民大学姚思好）说："在篮球场上、自习室里、宿舍桌前相聚，在春的清晨、冬的午后、秋的傍晚相聚。一千多个日夜，那一句起初让人有些难为情的'我们都是一家人'也渐渐成了我们心中不言自明的共识。"

你（2015届毕业生、厦门大学邵艾雪）说："现在回忆起高中的时光，就像站在岸边目送远去的白帆，望着满载着回忆与憧憬的小船渐行渐远。回望时，总有一些平凡的小片段涌上脑海，那是三年时光中再普通不过的日常，却在毕业后每每回忆起都不会模糊，仿佛那些嬉笑挣扎都发生在昨日。"

你（2017届毕业生、中国人民大学杨邦东）说："感谢学校创造了良好的学习环境氛围，老师和同学们也给予了理解支持和最大限度的宽容，我这个无可救药的蠢人实在是感激不尽……很荣幸我能在燕附度过这奋斗的青春。化用句歌词：这高三毕竟我真正走过，一路上九百功九千错。对燕附，我有九九八十一种不舍！"

你（2015届毕业生、南京航空航天大学丛天舒）说："高中这三年对我成长的影响肯定是很大的……在燕附有如此之多的老师让我感到他们真的是为学生的成长和前途操碎了心。不管是和蔼慈祥的还是严肃认真的，不管是课后轻松的还是猛留作业的，我都能感受到来自这些老师的沉甸甸的爱和关怀、期盼。"

你（2013届毕业生、华中科技大学邢维）说："北京师范大学燕化附属中学，是一个梦想得以启程的地方。原本中考失意的我们从来没有想过自己能够考上清华北大，考上全国优质的大学，然而我们却在高考那年超过了不知道多少个当年进城学习的高才生，让奇迹开花结果……直到离开燕附才发现，原来当时老师的授课能力竟是许多市里高中，甚至大学老师所无法比拟的，唯一的区别竟是我们自己。"

你（2016届毕业生、中国人民大学刘成）说："我更是发现了运动所带来的诸如强健体魄、提高细胞新陈代谢、促进思维活跃、放松心情等好处。在衡量利弊之后，我决定将跑步坚持下去。在高三学习压力空前紧张的状态下，我仍然没有放弃这项运动，甚至还从原来的每天三公里提高到了每天早晚四公里，坚持在跑步的时候背单词、背课文。"

你（2017届毕业生、北京理工大学袁权）说："如今坐在北理工的宿舍中，我可以自豪地说，我的高中时光没有虚度，高中三年对我的成长起到了扭转乾坤的作用！在此，我期盼母校的学弟学妹：长江后浪推前浪，一代更比一代强。我也祝愿母校越来越好！"

在此，衷心祝福你们学业有成、鲲鹏展翅，母校愿意永远成为你们的美好回忆。

刘燕飞

2019 年 8 月

# ❦ 目 录 ❧

# 我与燕化附中的十年缘

📝 北师大燕化附中 2013 届应届毕业生 北京大学医学部 马郡雄

时光飞逝，恍惚间高中毕业已经 4 年了。曾经年少时盼望大学肆无忌惮的生活，如今看来，最无忧无虑的时光还应当是高中了吧。是的，就是高中无疑了。

已然毕业四年有余，回忆起当时的情形来，亦是应该有些模糊了吧。记得当初喜欢写些散文，然而在高考的压力下用武之地也不是很多。只能写写不得不费尽力气才能勉强凑足 800 字，写完甚至不想再看第二遍的作文。如今毕业多年之后终于有了让我直抒胸臆、畅所欲言的机会，然而对于已经 4 年没有上过国学课、写惯了科学论文的我来说，突然不知道该说些什么了。是啊！虽然记忆已经模糊，但是走过的地方总要留下印记，经历过的事情或多或少地还能时不时浮现在脑海当中。

说到与燕化附中结缘，应当从很小很小的时候开始说起。那时我还不到上小学的年纪，经常在老燕附的篮球场边玩耍。我不太愿意去操场，或许是因为对于年纪过小的我来说下到操场的台阶每一级都太高了些，或许是被篮球场旁护栏上的藤萝与金银花吸引。总之，燕附对我来说俨然是一座中世纪古堡，也是我的乐园。

随后来到初中。因为学校改建，我们又在老燕附上了一年学。整个学校布满老藤蔓，有随时可以飘进办公室的不知名的花，还有满墙绿油油的爬山虎。燕附如以前一样，像一座古老的城堡，也像有待探索的知识海洋。我甚至认为学校就应该有这样的积淀与氛围。或许我本就是一个喜欢怀旧的人吧。我深深地喜欢着这个学校的一草一木与其中蕴含的斑驳历史，顺便夹带着我的些许回忆。

之后来到了面貌一新的燕化附中学习。这里与小时候的印象有所不同。它似乎脱去了曾经老旧的面纱，充满了朝气与活力。记得那迎着旭日东升的几棵玉兰树，记得总是坐在动漫主角位置的最后一排靠窗户的我，记得第一届 A 班也就是高三（10）班的种种回忆。我们虽然每天多数时间都在学习，却并不觉得特别辛苦。每天都有同学的欢声笑语相伴，每天都在实现离自己的梦想又进了一步的过程。

最近看了一部叫《食梦者》的动漫，讲述的就是两个孩子从初中开始画漫画，最终成为漫画家的故事。听起来很简单，其中不知有多少辛酸与挣扎。高中，是自己最容易朝着梦想努力奋斗的年纪，又有什么比这更值得珍惜的呢？高中刚入学的时候，班主任让在小纸条上写出自己的梦想，我写的就是想要上北大医学部，如今梦想已然成为现实。请珍惜可以肆意追逐梦想，并只需要一心一意学习的年纪。那时不必为其他琐事所累，不必为了工作忧愁，可以开怀地笑、任性地哭，那已经是我们，也将是你们所有人最美好的年华。

# 最美的时光

北师大燕化附中 2013 届应届毕业生 北京外国语大学 常卉

前些时候收到金老师的微信，让我写一篇关于母校的文章。仔细数一数，原来不经意间，我已经从附中毕业四年了。几米曾说："回忆像褪色的老照片，即使重新上了色，却依然感觉旧。岁月的年轮像那黑色的旋转唱片，在我们每一个人的内心深处播放那美丽的旧日情曲。"的确，高中的三年时光是我目前为止求学生涯中最美好的一段回忆。

那三年的时光简单而又充实，无论是高一时的无忧无虑、高二时迷茫焦虑，还是高三时的埋头拼搏，现在想来都让人怀念。

曾记得在被窝里挣扎的日子，每次起床都像是一次与床斗争的胜利。又或是早读时的激扬文字总让人顿时睡意全无，带着抖擞的精神开始全新的一天。那时候的目标总是简单又纯粹，可能是听懂某个知识点，做完某套练习题，或在某次考试中取得进步。每每达成一个小目标都会给自己买一件礼物当作奖赏犒劳自己。当然有时也会失落，碰到一道解不出的难题，或者在某一次考试中没有取得预料中的成绩。好像那时候只需要全心全力地忙碌学习这一件事，情绪也只会被学习牵动，会因为进步而开心，也会因为考试失利而沮丧。当时总是幻想着赶紧高考，考上大学就可以解放；总是幻想着未来的自己会在哪里，做着什么；总是希望时间可以快些走，早日离开高中生活。可是现在想来或许那段看似枯燥却纯粹而充实的生活才是最值得留恋的。

那时教过我的老师，不知道你们过得好吗？我觉得我一直很幸运，因为我遇到的是最好的老师。总是一遍一遍地对我们说着做题、做题、做题的大禄禄；在我迷茫时指引我方向、给予我信任，让我避免走上岔路的老吉爷；被我们亲切地称为"金阿姨"的班主任，在高三时总是和我们谈心，帮我们缓解压力；给予我们充分自由，激发我们探索知识欲望的 Fendy、春风老师及小霞老师……我不是一个很善于表达的人，在这里借着这篇文章想对你们说声谢谢，谢谢你们对我的谆谆教导！

还有那时的好友，一起解过的二次函数，一起做过的物理实验，一起奔跑打饭，一起联手写过的小说。我很庆幸陪我做过这些的女孩们至今都还在我的身边。虽然我们不常见面，但一起经历过的这段青葱岁月却是我们之间最好的黏合剂。

这四年来我走过了很多地方，遇见过很多风景，尝过很多美食，可最怀念的依然是四百米跑道环绕着的绿茵场，教室里传来的琅琅读书声，还有食堂里的鱼香风脯和水煮肉片。高中时代的我们，每个人都做着一个关于未来的梦，抒写着自己的一台戏。那时的我们心中有着自己喜欢的人，有执着的信仰，还有在所有规定的教条下施展叛逆张扬的青春，而母校便是我们青春的见证。

谢谢母校，给了我一段美好的高中记忆。

# 我在燕附的一年

北师大燕化附中 2013 届往届毕业生 北京邮电大学 付林强

在燕附复读已经是将近四年前的事情了，时光飞逝，但往事依旧历历在目。我在 2012 年因为高考发挥失常选择在燕化附中再学习一年，在这里提升了很多。

这一年时间里，在学习上，我积累了应对考试的信心。很多考生在 2012 年由于考题偏难的缘故纷纷发挥失常，我和很多有考上理想大学梦的考生一样，出现发挥失常的原因不是基础知识掌握得不好，而是在应对偏难题目的时候出现了心态上的问题。所以我在燕化附中学习的主要目的是通过再次复习积累更多的经验来调整心态，增长自己遇到较难考题时的信心。2013 年的考题相比 2012 年容易很多，非常利于基础知识牢固且做题态度认真的同学，所以我发挥得很不错。虽然考试没有检测出我的上限所在，但是我也把它当作是辛苦一年后的回报。

学习方面不得不提到认真负责的老师，这一年不只是对学生的一种煎熬，也是对老师的煎熬。学生每天坚持巩固练习，这种煎熬只是不断地重复应用知识，熟练后便能驾轻就熟。老师的煎熬就完全不同了，他们每天都守在我们身边，随时准备回答我们的问题，并且非常牵挂每名学生的考场发挥情况。这种煎熬不到成绩发布的那一天是不会结束的。我在 2013 年复习时亟待提高的是语文成绩，尤其是在阅读理解方面。金老师讲解阅读时再三向我们强调一些写作手法的赏析方法，这使得我对此的印象十分深刻，在高考时语文的阅读理解部分的表现可以说是完美的。数学张老师、英语刘老师、物理杨老师、化学刘老师和生物殷老师，他们对我调整心态上的帮助是很大的。理科生最怕的是答题节奏的变化，有时候一个小计算失误，或者碰到百思不得其解且分值很大的题目时，会发生心态波动。我在 2012 年的失利就是在平时擅长的英语和掌握程度不错的理综中遇到了一些难题导致的。这些老师每天巩固基础知识，充分讲解难题的应对方法，对我稳定心态有十分重要的帮助。

一年的时间不光有学习上的种种，还有生活上的点滴。我在一个只有十人的小班级里，起初大家还略有生疏，随着时间推移，大家渐渐地变得无话不聊，彼此也没有多少隔膜。班里每个人都把主要精力都放在复习上，互相帮助、共同提高。课后有时间会一起去校外聚餐，也会一起唱歌。虽说已经过去四年了，但大家依然有联系，有机会还会像从前一样去四年前常去的饭馆吃饭，去从前常去的KTV唱歌。我想，在高中能结交彼此知心并且直到大学甚至工作仍旧常联系的朋友确实是一件很幸福的事情。

这篇文章虽说只是对一年生活的综述，并不能像其他同学的文章那样丰富多彩，但我能把自己作为一个复读生的切身感受描述出来，也可以当作对过去的一种回味吧。

愿在燕化附中学习、有理想大学梦、刻苦努力的同学们在高考中金榜题名！

# 我的第二母校

北师大燕化附中 2013 届往届毕业生 中国人民公安大学 马云天

最近，老师给我布置了一个作业，写一下自己在燕附的成长故事。我对燕附的感情可能不如许多同学来得更加强烈，因为我是这里的一名复读生，也就是大家口中的高四。很多同学觉得高中复读是一个噩梦，但幸运的是我来到了燕附，碰到了一群可爱的老师和欢乐的同学，让我的高四生活也多姿多彩。

我是 2012 年的一名应届理科生，2013 年的复读生。在应届的时候，我几乎没想过复读的问题，当成绩下来后，我的心情不是"天都塌下来了"那种感觉，没那么夸张，我只是觉得很难受。为什么我要考的学校今年分数那么高？我到底要怎么办？是去上一个很普通的一本，还是努力一下，再给自己一次选择的机会？我感觉自己考得并不差，但是距离自己报考的学校有二十分的差距，让我去一个自己一点都不满意的学校，我并不甘心，更何况还要在那里待四年。在经历了半个多月的挣扎之后，我选择了复读。

在最初走进燕附的校园的时候，我的内心有一些不安。因为这里的同学绝大多数都是应届，只有我们几个很少的复读生。老师会不会用异样的眼光看待我们？同学会不会对我们有看法？我带着这样的疑问开始了在燕附的生活。高四的生活最难受的还是巨大的心理压力。对于应届学生来说，高考是新鲜的，他们在复习过程中犯怎么样的错误都行。可我经历过这一切，就要在很多方面考虑得更加周全，做得更好，只因我是一名高四复读生。但是在这里，我们同应届生一样学习，一样上课，学校甚至给我们安排了一样的复习进度，让我们也参加学校的运动会。很快我就减弱了自己是一名复读生的感觉，我在这里感受到了几乎无差别的对待，我觉得这是燕附给我的最好的礼物，也是让我会将燕附当作自己第二

母校的原因。

经历过高四，才会懂得失去的可贵。高四的日子虽说不是地狱，但真的很折磨人。幸运的是，我挺了过来，分数达到了我预期的结果。最后考到的学校并不是最初的选择，这又是另外一个故事了。但是，想要进入美好的大学，你必须学会接受高考，并通过它。你若想变得优秀，想上一个好大学，那么你要努力学习。已经过了高考的我现在再回头看，释然了很多。刚刚大学毕业的我甚至觉得高考不失为一种非常好的人才选拔机制，大家都在诟病高考的时候也没谁能提出更好的建议。希望在燕附的每一位同学能够好好享受高中的生活。在这里我和同学为了不吃学校午饭而偷偷订饭，在这里我知道了为了避免跑操而给操场洒水这个典故。我在燕附与老师、同学一起朝着"高考"这个目标努力，痛并快乐着！

# 毕业生

北师大燕化附中 2013 届应届毕业生 北京工业大学 王帅

"各自奔前程的身影匆匆渐行渐远，未来在哪里啊平凡，谁给我答案。"这是一句歌词，却唱出不少人内心的迷茫。临近毕业，心情很不好说，或者有太多复杂的情绪在心里澎湃。这一年我带着摄像机采访了很多毕业生，也和很多朋友交流过，听着他们大学的故事，他们四年里的荣耀和失落，了解他们的理想与抉择，穿梭在过往、现实和遥远的未来之间。想起高晓松在《晓松奇谈》里的一段话："其实每个人的人生是一根独木桥，你看大地辽阔，那是无数人的独木桥拼起来的，大地辽阔不是给你准备的，也不是给我准备的，关键是你找到那根独木桥。"我没经历过那么长的岁月，但我想大学是这样。大一时当我们迈进大学的校门，憧憬未来各种各样的美好、精彩及肆无忌惮，然而四年过后，你发现那个大门背后的辽阔不是属于你的，你最后还是要去选择，走向属于自己的那根独木桥。

弗洛伊德讲自我实现，我们选择的过程就是在寻找自我。换句话说就是认清自己，知道自己想要什么。我大二时曾经脑袋一热想去德国留学，折腾了一学期就放弃了，虽然自己骗自己德语妖孽不好学，但是那么多人都学过来了，说到底我心里并不是真的想去德国。倒是那年报名的数字化设计比赛坚持下来了。从设计最初的方案，到后来一边做一边又推翻自己开始的设想重新制定方案，周六日还去上建模软件的培训课，不知不觉就付出了很多。因为想着上大学总要专注地做成一件事。说实话都没想能获奖，因为在我心里能独立地、自己主导地把一件事做完，才是最重要的。另外，我也想看看自己是什么水平。提交作品的前一天熬了一夜，早上看着自己最后改完的展示视频，突然鼻子有点酸，说起来设计的模型并不理想，但是意义不同。这个过程中，不仅学到很多知识，更重要的是对自己能有一个有效的评估，知道自己的水平，然后去做能力范围内的事，你会发现自己成功的概率高了很多。随着做成的事增多，信心不断增强，自己的水平不知不觉也在提高。有句话说得好："人是需要信心滋润的，而信心往往不是来源于绝对的实力，而是相对顺利。"即选择比天赋重要。那一年我放弃了去德国留学的打算，选择了一步一个脚印，先能独立做事，有了信心后再迎接新挑战（当时想试试数字化完了参加机械制图）。然而迈出第一步之后结果就出人意料地好，不仅数字化比赛进了决赛还获了奖，之后又发了专利。

毕业季有人欢喜有人愁，考上研的、落榜的、找到工作的、为工作发愁的、收到理想学校 OFFER 的、还忙着留学的，这好像是个决定命运的时刻。然而我觉得很多事不能急于下定论，这只是我们选择的一部分。每一次抉择都会有成长，都会发现自己到底适合做什么，在一次次碰撞中找到自己的位置。想要一锤定音并不现实，也许考上公务员的过几年被淘汰了或是厌倦而离开，上了研究生的过几年发现自己选错了方向。大一的时候和亲戚出去，他的一个朋友是北工大建筑专业的，已经毕业多年。他说，当年他们班很多人都考上研究生了，而他落榜了。他有一种天塌了的感觉，感觉自己特别失败，毕业后回老家也没找到合适对口的工作。碰了很多次壁之后，他竟然有机会去北京建筑设计研究院工作，而后来他很多读研的同学都没有机会。现在他干了 10 多年了，工作顺利、家庭美满，收入也很可观。所以不要为自己暂时的成功暗自庆幸，也不用怨天尤人，抱怨命运不公。我总觉得，对于现在的我们，接下来要成为一个什么样的人，多思考就可以，不要下定论。

说了这么多，都是关于选择的，我自己也时常很迷茫。高中时第一志愿是建筑，后来阴差阳错学了测控，以后还要读这个专业的研究生。前些年还为没实现最开始的愿望失落，但是后来发现，当年与其空想，不如去做转专业的准备。很多时候还是动力不足，后来觉得很多事还是应该一步一个脚印，如果现在的事情做不好，也不要指望换一个领域就可以出人头地。人们常说："喜欢不喜欢是爱好的问题，做得好不好是能力的问题。"不要用自己不喜欢做开脱。现在很多工作我都尽量做好，尽量多去尝试。因为发现自己能干什么比知道想干什么更重要。这也是找到自我的过程。

最后就不多说了，总结一下：选择很重要，在探索的路上要有一颗永不放弃的心；找到属于自己的那根独木桥后，要坚定地走下去。毕业生们，未来很遥远，且行且珍惜，你我共勉！

# 从优秀到卓越

✎ 北师大燕化附中 2013 届应届毕业生 华中科技大学 邢维

　　我，2013 年高中毕业于燕化附中十班（10 人），2017 年毕业于华中科技大学电信种子班（15 人），目前就职于北京华为研究所，从事计算机软件方面的工作。从高中到大学，从 10 人到 15 人，一直处在实验班的我，经历似乎注定就要与别人不同。在很多高中同学看来，我一直是一个非常优秀的人，从学历到工作，都是他们的榜样。然而在我看来，我却是一个极其平凡的人，总结起来就是四个字——随波逐流。

　　北京师范大学燕化附属中学，是一个梦想得以启程的地方，原本中考失意的我们从来没有想过自己能够考上清华北大，考上全国优质的大学，然而我们却在高考那年超过了不知道多少个当年进城学习的高才生，让奇迹开花结果。当时的我从来没有考虑过自己以后想要上什么大学，去做什么工作，就在随波逐流的学习中，渐渐成为班级里面的前几名。那时我才发现，原来大家比我还要迷茫。后来有幸得以进入十班，结识了几位四中重修的大神，才发现原来生活除了诗和远方，还有烧穿坩埚、酿制葡萄酒、吃老师的巧克力、自搭 WiFi……那时的生活太过奢靡，不便细数。直到离开燕附才发现，原来当时老师的授课能力竟是许多市里高中，甚至大学老师所无法比拟的，唯一的区别竟是我们自己。

　　大学的前两年，我和其他普通大学生一样，忙学业、混社团、搞活动，忙忙碌碌的。虽然仿佛学到了什么，可始终没有明确的目标，就好像你到了这个阶段就该做这样的事情，到了毕业再去顺理成章地工作。直到大二下学期，和几个学软件的朋友一同加入学校的技术团队"Dian"，而后得到加入种子班的机会。当时，甚至连种子班是什么都不太清楚的我，毅然选择了转专业这条道路，因为不满于当时专业的学习氛围，而环境会影响深远。自此我踏上了一条不平凡的道路，从单片机开始点亮一个灯泡，为铁路四院研发项目级的 App，再到研制互联网应用。我们有机会和 PPTV 创始人姚欣面对面座谈，聆听小糊涂仙副总唐德华顾问的企业管理课程，甚至有幸与刘延东副总理会面。这些所得，是因为我选择了种子班这个环境。即使是随波逐流的我也能成为风口上的猪，去体验这一切。

我们有一个口号叫"干中学"。有人问过我们导师一个问题，这样的技术团队和技工院校培养出来的工程师有什么优势？我一直都没想明白。直到毕业工作，我问了身边的年轻人一个问题，你为什么要来北京工作？他说："我开始打算到北京去闯荡，后来发现这样高薪而舒适的工作挺适合我的，走一步看一步咯。"原来，这里已经不适合我了。

我不想承认自己是一个优秀的人，因为我见过的优秀人才太多太多，他们有的刚刚毕业就辞职创业，有的不惜卖房卖车，仍要追逐梦想，有的早已功成名就，却毅然迈上讲台……

一个人能取得多大的成就，往往是环境使然，如果周围的人都是逸于平凡的人，那么自己也不会对未来有什么期待。当你仍然迷茫于未来，不知该干什么时，应当努力去选择一个最适合自己的环境。

究竟是成为社会的一颗螺丝钉，还是去选择自己的方式去生活？梦想，从什么时候开始都不太晚。

# 给燕附学弟学妹的一点建议

北师大燕化附中 2013 届应届毕业生 东北大学 唐琼

其实关于这个还真有些想说的。燕附是我人生路上特别重要的一段历程，甚至和后来的大学生活相比也不分上下。这里从以下几点跟大家分享一下。

## 学习的重要性

高一、高二的好好学习对于你高三的起点很重要，但是对于你最后的成绩其实影响并不大。举个例子，我们那一届的高三（10）班选人标准：1 班、2 班前三名。这就是规矩，你没办法抗争。虽然我们高三过得并不像在原来的班级那么压抑，但是不可否认，跟一群优秀的人做朋友，你会不自觉地变得优秀。

优秀是一种习惯，如果你习惯在前 10 名了，让你掉到 30 名你会非常难受。而如果你习惯仰望前面的人，那么你再努力也只是中流的水平。谁的成绩都是自己努力来的，我们班下课没有人动，除了上厕所都在做卷子，晚上十二点之前我寝室的灯没有灭过，都是宿管过来敲门："闺女，早点休息。"高三一年，我做完了一本英语五三，每一道题订正过，每一个选项仔细查阅过。午休时间不做完一套完形、两套阅读不睡觉，晚上熄灯了背完 40 个单词再睡……我的英语本来就不好，开始的时候 15 个单选经常错 8 个，到后来基本做的题都眼熟了，扫一下题就知道答案是什么。学习没有捷径，你可能抱怨："我也付出了啊，但是没有什么收获。"我想说："这世界上没有付出收获成正比的事情，往往都是三倍五倍的付出得到单倍的收获，但是没有付出就永远没有收获。"

我不是说高中生每天都要好好学习，高中三年要过得十分压抑，而是说要在该努力的时候努力一把，不要回想起来后悔。有的时候会有一些毒鸡汤，告诉你，高考成绩只是决定你在哪里打游戏而已。确实啊，但是我能坐在 985、211 里打游戏，比坐在一所莫名其妙的学校里混了四年出来继续靠爹妈养活要好。一所好大学，并不仅仅意味着教学资源多么优秀，更重要的是在这里你的机会更多，你的平台更大，你的起点更高。如果你现在在燕附，感觉是委屈了自己，那么为什么不凭借全国统一高考的机会和那些上了四中、上了北大附中的人进同一所学校，重新站在一个起点？别人本来起点就比你高那么多，你不付出更多的努力，凭什么跟他站在一起？我不提你前两年如何如何，前两年只要不掉队，或者不掉队太远，只需要你努力一年。敢于放手去拼，放下手机，给自己个努力的方向，我不相信你不行。

## 大学生活

我也来给你们说一下我们的大学生活吧。其实不管在哪里，有些道理是相同的：多交朋友；越积极的人越有糖吃。

大学你可以过得很清闲，成天窝在教室打游戏，也可以过得很精彩，脚不沾地非常充实。提供身边朋友的几种过法给大家参考：①学生会，我身边有朋友从大一到大四一直在学生会工作，从院学生会做到校学生会主席团，负责校会的新闻稿，在大学就有正当收入，一个月老师给的各种补贴和自己的奖学金，每月除了父母给的生活费还能多出一倍多的自有收入，过得非常滋润，而且直接保研，做人做事都很成功；②科研，大学里各种科技竞赛非常多，机器人、科技创新大赛、英语大赛、华为编程全国竞赛、工程建模大赛，可以说只要你有兴趣，就能遇到合适的比赛。只是宣传途径大都不那么广而告之，这就需要跟很多人搞好关系，如导师、辅导员、专业课老师，他们有好的机会或者比赛会告诉你。很多国际大赛你参加之后不仅是一个很好的科研背景，而且得到奖项后（全国一等奖或二等奖）保研非常简单。

## 发展自己的兴趣爱好

喜欢动漫吗？喜欢手工吗？喜欢唱歌吗？喜欢跳舞吗？在大学有专门的社团给你大展拳脚的空间。如果你来的是东北，不仅有量大便宜的伙食，更是溜冰场在家门口，滑雪课去滑雪场，只要30块，你可以拥有最天然的雪场，最美的雪景，和最热情的东北舍友。

# 读大学有感

北师大燕化附中 2013 届应届毕业生 湘潭大学—对外经济贸易大学双培 顾鹏

自我介绍：2010 级北京师范大学燕化附属中学顾鹏（李晓锋），就读于高三（10）班，2013 年考上湘潭大学（四非高校），现在对外经济贸易大学攻读硕士学位。

首先说下我对高三的记忆。我认为高三并不累，因为除了学习也无事可做。而且你会发现每个阶段之后的时光总是比之前的时光累很多。例如，我感觉准备考研可比备战高考累多了。其次，揭穿下高中老师的谎言，大学并不轻松，很累，但这仅限于准备好好读个大学的人。

我认为在高中综合成长很难。综合成长是一个积累的过程，高中是一个很重要的积累阶段，在如此高压的课业下，想保持好成绩，还想有综合成长，挺困难的。就我个人而言，我认为在大学阶段才会真正地成长，在大学中厚积才有时间得到薄发。所以我准备着重说说大学的事，高中就简单介绍下。

高中：高一在五班，高二分文理，选了理科进了二班，高三进了十班，高中当过班干部、学生会干部，学习还算可以，高考失利录取到湘潭大学，不想复读就去报道了。其他的生活小细节就没什么可说的了。

大学：我认为大学还是很有必要读的，即使你并不知道读大学有什么用。你会在大学阶段充分成长，从一个高中生成长为一个成年人。大学会使你学会适应孤独，学会团队合作，学会平静看待各色人生选择，学会开阔视野，学会更加理性地思考问题，学会处理好感情，等等。大学最重要的是有目标，如何制定目标、选择目标就是见仁见智的事情。没人可以教你，只能给你提提意见。有了目标之后才会不迷茫，才有努力的方向。有了目标之后就要学会选择。大学最需要学习的是做选择，选择每天要做的事，选择以后的发展方向，选择职业，等等。每个

人的选择都是自己决定的，任何人都只能提提意见，无法代替你做出决定（这是重点！任何人都不能替你做选择，即使是你的父母）。有了选择之后就要努力去执行，如何做、能不能做、做到什么程度，看你自己的自制力了，大学中不会有人像高中老师那样督促你学习，所以享受好你们美好的高中生涯吧！大学是一个人的大学，没人来叫你起床，催你学习，督促你写作业，一切的一切就是靠自己，从这个角度说大学还是很自由的。

综上，这就是我读大学的感受。能做到以上几点，相信你大学毕业后不会后悔。

此外，读大学期间一定要谈恋爱，谈恋爱能提高一个人的情商；要多看书，看好书（言情小说这种丝毫没有营养的书就算了），可以比照着茅盾文学奖获奖书目读。

# 无题

北师大燕化附中 2014 届往届毕业生 中国人民大学中法学院 彭梦琦

人在自诩成长的时候，往往毫无成长；而在宣讲故事的时候，大多捏造故事。故而我虽复读了两年，大约是没什么成长的；故事即便是有，也都化在了茶酒里。这次接到老师要求，却少不得搜肠刮肚一番，试图在草莽之中拧出几滴淡墨来。

记得我在本校读高三的时候，心态常崩，一崩就去找班主任。人家苦口婆心给我讲故事，讲一只家养的鹰以为自己和家禽同类，直到被丢下悬崖才懂振翅高飞；我张口就是一句："我要真是鸡鸭，岂不擎等着摔死？"气得老师叹了又叹。后来我果然摔个半死，复读的第一节班会便听金老师讲述另一只鹰的故事，冰炭置肠，依稀是哭了。

我后知后觉：当时的班主任哪里是生气，分明是叹我说破而不自觉，用无知把残忍而写实的句点拗成问号，还眼巴巴等着不存在的答案。

也是后来我才开始意识到，人应该找清自己的位置：大千世界，不可能人人都在顶峰。鸿鹄有鸿鹄的瀚空，燕雀有燕雀的坦途。理想若大得不切实际，纵使再不甘心，也只会把自己压垮。

这不算什么成长，然而回忆在这里卡了壳，旧事如同最顽劣的孩童，东躲西藏，总捉不住。烦怨虽是飘蓬，喜乐也如飞絮，只有焦虑像云后星河一般在目不可及之处笼盖四野。复读没那么多人想得那样不忍回顾，却也着实没什么可堪回首。再一晃眼，就到了名落孙山时。

——当时还存着一丝半缕少年意气，觉得普天之下，除却泰岳，俱是孙山。何况这山头虽比第一次那山头高上些许，却要被发配京，如今还要被发配出国，让人好不郁闷。

　　遥想复读岁月不痛不痒，回忆高考后的假期却如同酷刑加身，如今想来只觉得我自己的努力和老师倾注的心血悉数化为泡影，于己有悔，于心有愧。燕化附中的老师付出的要比其他学校多出很多，而又以我所在的班级尤甚，甚至让我感到多得不合理。于是各位老师的悉心教导就是我为数不多怀念的事情之一了。说这些教导让我大彻大悟显然太过夸张，因为即便如今我也从未放下过高考这桩恨事；但他们确实教会了我和负面情绪共处，仿佛一对貌合神离的夫妻，他伤他的心，我做我的事。

　　这实在也算不得成长。其实说到底，人在接受知识形成世界观的时期过后，这辈子再难长进，所谓的起起落落，无不是重蹈覆辙。在考场上错的题，可能和几个月前丢的分如出一辙；在生活上吃的亏，也可能和多年之前犯的蠢大同小异。两年太短，在成长二字面前显得尤为寒酸。

　　抬手只要一瞬间，与自己言和需要很多年。所谓成长，不过是人与自己和解之后，再回想的那层旧时光。

# 我在附中的成长故事

✎ 北师大燕化附中 2015 届应届毕业生 西南财经大学 黄盼龙

转眼离开附中两年了，在附中生活的点点滴滴还是历历在目。仿佛昨天我还在那栋教学楼上课，在那个食堂吃饭，在那块操场上奔跑。附中的老师还是那么和蔼可亲，同学还是那么朝气蓬勃。

刚来附中的时候，我还是个毛头小子。说句心里话，中考之后得知自己要去附中很是失落，觉得自己可以去更好的地方，这里不是自己能够起飞的平台。但是三年的时间，完全转变了我的态度。

在这里的三年，让我感触最深的一次，应该是刚进入高三重新分班那次。从小到大，我给人的印象一直都是那种有一点小聪明，却一直不努力，总是把成绩不够理想归结为自己没有使出全力。我所遇到的老师、同学、家长，都说我很聪明、很机灵。所以我自认为是个还算可以的小孩。直到那次分班，因为之前没有用功，导致成绩不够理想，没能被分进 A 班。这对我来说是个很大的打击。我一直相信自己有能力进到那个班级，却一直活在对自己的谎言里，用自己很聪明却不努力这句话欺骗了自己很久。我只是胆怯，害怕自己努力了却得不到更好的成绩，害怕别人说自己能力有限。但事已至此，这个时候再不去尝试拼尽全力，还要等到什么时候呢！

分班结果出来以后，我失望了很多天。但我很幸运，我有一个对我很好的班主任，张爱平老师，也有一个很关心我的语文李晶莹老师。他们找我谈话，在那些我最难过的日子里，给了我最充足的支持。"加油，考进去，你不是没这个能力。"这句我一直忘不了的话，是帮我度过那段最困难的日子的一剂良药。

我决定改变，采用之前我最排斥或者不屑一顾的方式，那就是把除了吃饭睡觉以外的全部时间都用来学习。我想看看自己是不是真的如一贯以为的那样，有能力取得更好的成绩。从松懈到绷紧神经是一个很痛苦的过程，但是我知道我别无选择。为了有个更好的出路，为了证明自己的能力，为了看看自己到底可以走多远，也是为了还清这两年的慵懒所欠下的债。

两个月的时间转眼即逝，我最终凭借两次年级统测的成绩获得了进入 A 班的资格。那一刻没有太多的兴奋，只有一种如释重负的感觉。

直到今天，高考已经过去了两年半，我一直感谢这次分班。如果当年没有分班，我可能还是每天晃悠着度过，依然活在自己的谎言里，活在一个以为自己很不赖的世界里。对于我来说，附中三年的生活，那两月用尽全力追逐自我的时光，最为精彩。

# 燕附与我

北师大燕化附中 2013 届应届毕业生 天津财经大学 解思洁

高中三年过得很快，快的是与同学小打小闹的时光，是与老师斗智斗勇的时光；高中三年过得也很慢，慢的是操场上散步的闲散时光，是高考前日夜奋笔疾书的时光。高中三年是那么的长，长到足以让我成长；高中三年又是那么的短，短到眨眼间我就步入大学，离开了陪伴我三年的附中。如今，离开附中已有两年，但高中的种种依然历历在目。

记得高一还有时间看自己的闲书，高二还有时间与朋友在饭后散步，而到了高三，时间都用来学习了。其实高一、高二的时候我也想过高三会是多么累，压力是多么的大，但又觉得自己抗压能力还不错，所以每次也只是淡然一笑，抛之脑后了。等我真正步入高三，不得不去面对一些现实问题时才惊觉当初的自己实在幼稚至极。高三，每天都有上不完的课，都有写不完的卷子和考不完的试。面对一波又一波的压力，我经常会陷入无数个"如果"怪圈，我总会后悔当初为何不为现在的自己努力一下，总觉得如果当初不那么松懈，现在要轻松得多，然而每次又都会以自我鄙视作为收尾。人人皆知世上没有后悔药，想那么多如果有何意义？无非就是想逃避现实罢了，而逃避永远都解决不了问题。所以每次在怪圈里走一遭后，我又会拿起笔继续一轮又一轮的奋战。

在这一轮又一轮的奋战中，有人会突然败下阵来。高三一个夜晚，同桌爆发了，在物理晚自习中将自己的卷子撕碎，又如天女散花般扔到一旁。那一刻，我吓到了，但下一刻，我又理解了。在无穷无尽的压力中，人们总要找到一个宣泄口将压力释放出来，释放出来是好事。我不是一个很会安慰别人的人，也没有说什么，只是默默地把他的卷子捡起来，一块又一块地拼好，最后放到他的身旁。然后我看着他情绪渐渐稳定，拍了拍他的背，说了些安慰的话。最出乎我意料的是我们雷老师的反应，毕竟我一直觉得他和我一样不是一个有安慰技能的人。他开始时没有说安慰的话，只是直接问同桌卷子上哪些题不会，还说："不会你问我呀，撕什么卷子！得，把我的卷子给你吧。"具体的话记不清了，但大概是这个意思。这番话说出来让我们都轻松不少。之后雷老师如家长一般疏导起同桌来。我在一旁看着，时不时也搭几句话，当时感觉很美好很亲切，感觉自己的压力也随着谈话慢慢地释放了出来。之后每次自己感到压力大时就会想起那次谈话，心情会随之变好不少。

高考的结果是情理之中的，毕竟父亲一直告诉我，人的付出和回报是成正比的，想靠考试超常发挥得高分是不靠谱的。最后上的大学虽然与我想要的相差甚远，但想想也不会后悔。毕竟无论好坏这都是一种成长，都是自己的人生。

# 我在燕附这三年

北师大燕化附中 2015 届应届毕业生 北京航空航天大学 张雪寒

在燕附的这三年时间，几乎是我最快乐的一段时间。

说实话吧，我在燕附并没有做过太多使我印象深刻的事情。我没参加过多少活动，也没有完成过从班级排名靠后的位置通过自己的努力追赶，在最后逆袭的壮举（虽说只谈论成绩实际上是一种很狭隘的举动）。我的这三年，没有那些别人所说的"惊险刺激"的情节：没谈过恋爱；没跟同学去过网吧；没从学校的防护栏翻墙出去过。当然，好事，诸如挑灯夜战之类的也没有过。在我的印象中，男生夜里看书的并不多。我曾经听说女生宿舍那边会学习到很晚，事实证明付出过的努力也不会白费。当然，我也不是一个老实的人——了解我的人会认为我只是"看上去比较老实"罢了。说到一些黑历史，我曾经把学校发的水果从教学楼三层扔下去；在办公楼四楼的"网吧"（后来就关了）熬到后半夜；把化学实验室的锥形瓶和漏斗各摔坏过一个……

说到我在高中没有做过太多事情（这其实使我感到遗憾），我的生活也并没有太多色彩。但对我而言，这不代表生活是无趣的。有些人在生活中，喜好于生活中的变化。对"年轻就应当敢作敢为""再不疯狂就老了"的观点的推销，使一种似乎相当正确，却难以经受推敲的说法根植于学生们心中。诚然青春难再度，时光不等人，若不加以利用定会追悔莫及，但很多人把这种对于生活的珍视，曲解成是"对风浪的追求"。若言"作为"，何为"作为"？若言"疯狂"，如何"疯狂"？又为什么只有所谓的"作为""疯狂"才是珍视青春的唯一方式？高中生活并不精彩，没有人会感到每天的学习任务令人享受，但这并不代表我们要在生活中人为地掀起风浪。如果我们能仔细看看每天的生活，生活便不会缺乏乐趣。

对我而言，如果每天吃完晚饭后可以有时间在操场上走一走，就会感激不尽。如果你在晚自习前可以放下手头的作业，认真地看半个小时新闻，有空闲时多出去走一走，会发现生活其实很有意思。我在这三年，都是抱着这种心态去面对每一天的生活。生活即使缺乏变化，怡然自乐，就不会缺乏乐趣。

然而用一种平和的心态去面对生活并不容易，尤其是在高中。高中本就是一个需要竞争的环境，如果用一种极端的想法去考虑，可以认为是"你死我活"的竞争关系。我是一个容易急躁的人，刚进入高中时成绩在班里中等偏上。我越是急躁，成绩就越使我窝火。后来我就开始想，既然着急也没用，那还着急干吗？这样生活轻松了，学习成绩就提高了，嘿嘿嘿。

但是，我钦佩那种能吃苦的人。我有的同学排名一点一点进步，高考时获得相当不错的成绩。如果你认为一次考试前进一两名不够多，三年的时间总该进步够多了。若是你也可以刻苦学习到连头痛都可以通过服药坚持下来，你考不好谁能考好？像我这种"歪门邪道"并不是真本事，坚持不懈才是值得发扬的。

其实，我想写一些类似所谓的"成绩并不是唯一的决定标准"这样的观点。但是这实际上是误导别人，所以想了想还是不写了。

# 记忆

📎 北师大燕化附中 2015 届应届毕业生 首都经济贸易大学 曾一凡

收到高中时期班主任的通知，要写上一篇高中的回忆录，现在坐标美国加州的我思绪缥缈，隐约被拉回到 6 年前。大多故事已被时间打磨得不清不楚，也有些回忆深刻在心，无法磨灭。

我的高中记忆，并不像很多青春电影里那样浮夸，"初恋遇到人渣，翘课感受青春年华"的剧情都是不存在的。住校，听着校歌起床，蜂拥着洗漱，计算着早读前还能否匆忙地吃个早饭。上课，跑操，自习，作业，聊天。最享受的是晚自习前看半小时的新闻、体育课在操场散步及课间抽空在桌子上补充睡眠。想来那段时光，很简单很纯粹。我们是一群穿着蓝白校服的孩子，认真地读书，认真地做着大学梦。

入高中第一年，我们是一个大班集体。当时还没有分文理科，所以每次考试排名，会把所有学科都算上，这应该是偏文或偏理倾向严重的同学的噩梦了。印象较深的是当时的艺术类选课，有音乐或漫画素描，懒得张口唱歌的我就选了素描，每节美术课沉浸在涂涂画画中，像给《秘密花园》上色一般，很解压。选音乐的同学学年结束还办了场有声有色的音乐会，很有创意。高一那年于我大概没什么压力。

高二时，一次偶然的机会，和班里一位高智商藏生同学（原谅我的无脑形容）一同参加了翱翔计划。当时对科学并没有很热忱，只是觉得尝试新鲜事物是个好事，有幸进入了八中基地校，做了回业余的科学践行者。我们的课题是食品安全，具体来说是检验市场上的肉制品是否掺假。我们是仅凭对掺假类新闻的好奇心而选的课题，所以基本上对要做的研究内容一无所知。去中国肉类食品研究中心报到参观后，导师给了很多基础文献让我们阅读，以便我们了解类似的实验是如何设计的。当时压力很大，作为一个门外汉花了很多心血去阅读资料，每次周末赶最早的早班车去实验室帮忙，从基础的切实验原料到看导师用离心机提纯，到加入银光探针后机器打印出的线条。我们对这一领域的认知慢慢建立，随后我们经历了不计其数的日夜完成了实验，紧接着是写论文、制作 PPT、结业答辩。付出了心血，感受着挑战，同时敬佩着其他翱翔学员不同于生命科学领域的研究，他们的光热使我震撼。我看到这些优秀的同龄人大胆地热爱着科学，耐心地探索着专业领域，这种精神和成果都深深地打动着我。翱翔计划让我放眼未来，学生生活不止平平淡淡的学习，还有人做着轰轰烈烈的梦。

高三，最后一年，也许毋庸赘述，大家都心照不宣吧。上半年学完最后的新知识，接踵而至的就是各类模考和铺天盖地的练习题。我们分出了新的实验班，很好的师资力量，很强的同班同学。我们嬉笑打闹，也在奔向高考的路上一往无前。离高考的日子过成了倒计时，就像做理综试卷时尽力在最后十分钟答出有机推断。用了很多的圆珠笔答题，用了很多的红笔改错。时光那么残忍，走得那样快，无论我们是否做好了准备。临考前，我们的成人礼，"穿上西装假装成长"，像歌词一样，如今回首，那段单纯的时光的确值得记忆。

最后，感谢我的母校北京师范大学燕化附属中学，感谢老师陪伴我们度过压力山大的高考，感谢父母一次次支持包容和肯定我，感谢同学、朋友陪我一路向前。那些高中梦想着做有志青年的人们，现在，大家还在继续努力吗？

# 我在燕附的成长故事

北师大燕化附中 2015 届应届毕业生 南京航空航天大学 丛天舒

高中这三年对我成长的影响肯定是很大的。有时候也会想，如果我的高中不是在北师大燕化附中，而是在别的什么高中念的，我现在会变成什么样？很难想象，想出来了其实也没有什么意义。毕竟我所真正拥有的，只是在燕化附中的这段回忆。

燕山是个很小的地方，燕附相比北京城里那些五花八门的高中来说，也确实是一个很小的、成绩并不突出的高中。我上初中的时候，燕附成了刺激我们中考好好考的一个工具。但是当我成为燕附的一员之后，我意识到以前的看法是多么的狭隘和片面。

真正能代表一所学校形象的，是它的老师和同学们。在燕附的这三年，我很幸运地置身在一个和睦而又活跃的班集体中，认识了一群堪称活宝的同学。他们的智慧与幽默在带给我美好回忆的同时，也在潜移默化中改变了我，让我变得更成熟、更"明白事儿"了；来自老师的关怀更是如此，在燕附有如此之多的老师让我感到他们真的是为学生的成长和前途操碎了心，不管是和蔼慈祥的还是严肃认真的，不管是课后轻松的还是猛留作业的，我都能感受到来自这些老师的沉甸甸的爱和关怀、期盼。这些对于一所学校来说是最可贵的，也是对学生成长最可贵的，并不是那些外表光鲜亮丽、内部气氛沉闷、培养"考试机器"的所谓王牌高中所能具有的东西。就冲着这一点，我也将永远感谢我的母校燕化附中，并怀念我在那里度过的三年岁月。

高三是我印象最深刻的一年。在迎战高考的最后一年，我没有及时进入状态，从第一学期开始成绩直线下滑。我陷入一种非理性的迷茫状态，感到自己的问题很严重，却找不到问题的根源，或者说找到了根源却无法下决心改变。由此产生一种无法停止的、长期的自卑状态，感觉能混一天就是混一天。老师察觉到了我的困境，尽一切努力帮助我。有一次我甚至被叫到马校长的办公室，校长了解我的情况，给我讲了往届学生也有我这种情况，让我不要害怕，还推荐了几本书给我。我后来逐渐控制住了自己的状态。现在回想，如果没有燕附老师的悉心疏导和帮助，我在高考中的表现肯定更糟。老师们的这个恩，于我真是太大了，我今生无法忘记。

　　我很难想出应该用什么词语描述在燕附的这三年，我的成长及收获，可能确实成长和收获太多了吧。我已经在一所理工科高校里上了三年大学，三年没写过作文，想必现在这篇"成长故事"已经是胡言乱语不知所云的水平了吧，让我的高中语文老师看见，见笑了。

# 青葱正少年

北师大燕化附中 2015 届应届毕业生 厦门大学 邵艾雪

现在回忆起高中的时光，就像站在岸边目送远去的白帆，望着满载着回忆与憧憬的小船渐行渐远。回望时，总有一些平凡的小片段涌上脑海。那是三年时光中再普通不过的日常，却在毕业后每每回忆起都不会模糊，仿佛那些嬉笑挣扎都发生在昨日。

由于我那时毛躁的性格，每次数学考试都是小错不断，被王英老师板着脸训过一次之后渐渐发现自己对于这种失误的力不从心。于是在王英老师的强烈推荐下我玩起了数独，以此矫正自己毛躁粗心的性格。刚开始只把它当成一种硬性的任务来完成，后来渐渐地，我从数独中发现了乐趣，以至于数独竟然成了我复习之余的消遣。其实高三老师都在用自己的方式让我们的学习尽可能地有趣起来。语文金老师会不吝惜课上的时光带我们读书，分析《我是演说家》中的片段，英语老师晚自习和我们一起看英文电影，历史张老师带我们看纪录片《大国崛起》等。现在想起来，这些高三时小小的快乐弥足珍贵，毕业之后才发现老师的良苦用心。

高中时的我是个风风火火的小姑娘，学习之外的全部时间都分给了说说笑笑，喜欢拉着朋友插科打诨，一分钟嘴都不停歇。我最喜欢每天晚饭后一个小时的自由时间。我们几个死党肩并肩走在操场的跑道上，你一言我一句地讲着最近看的小说、马上要来的月考、教室后的倒计时，还有毕业后无限可能的未来。尽管高三紧凑的学习有时会让人喘不上气，但我却像一只憧憬着外面世界的小鸟，有想象中的天空就足以让我拼尽全力去拍打翅膀。

曾记得在被窝里挣扎过的日子，睁开惺忪的睡眼开启全新的一天。教室里、楼道里全是激昂的文字，顿时让我们清醒了许多。课堂上，睡意似乎被湮灭在微

光中。一次次的月考、模拟考，有失落，有悲伤，有欣喜，有开心，更有对未来的确定或者迷茫。那时的我会因为一次模拟考的好成绩忘记一切烦心事，也会因为一次失误懊恼得满脸阴郁。

　　回望高中的短暂时光，那时满怀着对未来的无限憧憬，一心想要冲破桎梏，独自去看外面的世界。轻狂又纯真，桀骜又勇敢，那时的我们青葱正少年。

# 学出自己的风格

✐ 北师大燕化附中 2016 届应届毕业生 中国人民大学 刘成

2013 年 9 月，正式进入北师大燕化附中的我被分到二班，与三班并列在石化科技班之后。这一年中，每次考试理科排名我只能排到班里的中下游，但是算上史地政三科的成绩，我却能排到班里的前十名左右。

在高二文理科分班时，我选择了自己占优势的文科。虽然报文科的同学并不占多数，但我出于对学科的喜好还是做出了选择。在我看来，取得更好的成绩不仅需要学生不懈努力，更需要学生对学习内容感兴趣。

高二时，由于学习科目的改变及所处环境的变化等原因，我不可避免地陷入了迷茫。面对老师新的授课风格、不同于从前的学习方法，我很难在短时间内调整自己的状态。然而我清楚地意识到，面对此种现状，我必须要采取主动的方法使自己适应，而不是被动地一天天混日子。于是我找到师兄，向他们请教学习方法。有时候我也会找到老师，从他们那里得到更全面的建议。在融合了各家之长后，我制定出一套适合自己的作息时间表，并且在不断的实践中加以完善，令自己的作息规律、学习习惯与高二接轨。

从高二到高三，我的作息时间表上一直有的一项运动是跑步。最开始只是为了应付运动会。但几次之后，我发现在坚持跑步的一周里，我的学习效率没有下降，还有了一种运动后的充实感。在上网反复查阅资料之后，我更是发现了运动所带来的诸如强健体魄、提高细胞新陈代谢、促进思维活跃、放松心情等好处。在衡量利弊之后，我决定将跑步坚持下去。在高三学习压力空前紧张的状态下，我仍然没有放弃这项运动，甚至还从原来的每天三公里提高到了每天早晚四公里，坚持在跑步的时候背单词、背课文。这种习惯确实让我在几次面临情绪波动时都及时调整过来，给我带来了远超预期的好处。

在学习方法上，由于个人性格的原因，我选择了比较保守的方法，遇到困难往往喜欢"闭门造车"。这样与班里热烈讨论的气氛格格不入。在初期，这种学习方法由于无法集众人之智，所以显得十分吃力。但是到后期，培养出的独立思考的习惯往往能够使我在考试时即使遇到瓶颈也能保持一定的自信，用相对冷静客观的心态突破重围。

然而这种单打独斗式的战术风格使我的思维不可避免地受到限。在老师的一再强烈建议下，我终于在保持独立自主的原则上不时参与班里的集体讨论。实践证明，这确实开拓了我的思维，尽管开悟的时机有些迟了，但总比从始至终"闭关锁国"要好些。

高三一年中，在经历了一次次考试之后，我形成了适合自己的节奏，只要在考试的时候心神不乱、节奏不改，我的成绩就不会大起大落。如果把我们因为低级错误丢掉的分数全都加上，真正由于能力问题与知识点漏洞所造成的丢分往往在一个能够承受的范围。换句话说，如果不出现任何低级错误，那么你最终的成绩一定是理想的。

借此机会，我向所有教过我的老师献上发自内心的感谢与最诚挚的祝福。是你们一次又一次包容我的任性，原谅我的错误；是你们的谆谆教诲促成了我如今的成绩。祝愿各位老师身体健康，事业顺利！

# 蛰伏之后的一步之遥，是恒久的动力

北师大燕化附中 2016 届应届毕业生 北京外国语大学 刘沐欣

在写下这篇文章之前，我已经在脑中将我的高中生活搅拌了无数遍——好像一个已经没有原料可用的，却仍然在空转的果汁机，把那些点滴碾了又碾，品了又品，味道完全好过那些能够轻轻巧巧就流过喉咙的果汁。比起果汁，果渣的点滴显然更有滋味——它有果汁的甜，也有原料飞溅时沾上的苦，有和果汁差不多的丰盈汁水，却会让人在下咽时因为它的颗粒感而皱眉。回看过去，我的高中时代就像果渣的口感一样艰涩而快乐。高一的双重压力，高二放开手脚的拼搏，高三最后的蜕变，像一只蛰伏在地下的蛹，最终钻出地面张开翅膀飞上蓝天。虽然最后离梦想仅一步之遥，但这样难忘的经历注定会让人在遗憾中感到无尽的动力，因为这意味着我的梦想没有结束，它始于燕附那个燥热的 9 月，成型于燕附那个湿湿的 7 月，在未来的时间里仍然熠熠生辉。

从上高中开始，我一直期待自己能够踏进那所大学的校门。然而梦想被现实击得粉碎，我的理科成绩很糟糕，相比来讲文科成绩还算可以，但是并不优秀。我记得高一的理科班主任在班会课上说过："做什么事情都要尽力做好，因为你不知道什么时候会用到它。"为了不让自己的理科成为会考成绩单上的短板，高一一年我用了绝大部分时间来学数理化，也看了不少相关作品。"不知道什么时候能用到它，先好好学着吧"的想法贯穿始终，而当时的我只是苦恼于自己的理科没有起色，并没有意识到这种意识对未来有多大帮助。

高二是我学习最疯狂的一年，因为选了文科一下子被人文知识淹没，课业压力相对较小，我一边打基础一边尽力扩充自己的知识面，了解了很多冷知识，也做了很多题，数学课依旧诚惶诚恐地听着，就像一个饥饿的孩子一样什么知识都往自己脑子里装，我的梦想也在越摞越高的书籍中变得真实可见。转眼就到了高二暑假，当课代表把一摞卷子拍在我桌子上时，我才意识到：高三，莘莘学子为之疯狂的一年，来到了；高考，这个决定我命运和未来的考试，马上就要来到了。

我的高三是匀高速学习的一年。因为高二已经体会到了任务繁重的感觉，所以没有觉得很累，只是压力大，情绪瞬息万变。高三是战胜自己心魔的阶段，是铸造一个强心脏的阶段。穿过燕附早晨六点五十五分清冷的空气，在空无一人的教室里独自开始学习，没有课间休息、节假日，我过得很坦然。老师的每次鼓励都催人奋进，我不分昼夜、不知疲倦，心里满满都是梦想即将成为现实的期许。而我也惊喜地发现，高一、高二为自己积累的知识成了做题时充分的素材。这些内容在高考考场上的成功运用也证明了"看似无用的东西也要好好学，以后会用得着的"这一理念的正确性。

那个 6 月匆匆而过，青春散场。好像突然一脚踏空，不知去处。我的梦想到底成真了没有我不知道，但是我很感谢自己三年的付出，和老师、家长、朋友们的鼓励与帮助。在知道成绩的那一刻我没有抑制住眼泪，只有三道文综选择题的差距，让我与梦想失之交臂。但是很快我意识到，这是高中生活教给我的最后的道理：梦想不应该只用高中三年来期许和实现。在燕附三年的学习经历充实着我，督促我在以后的日子里继续努力，用自己的付出来弥补当年的一步之遥。我已经靠自己的拼搏到了这样一个平台上，要更加珍惜。

# 关于燕附，我想说的太多

北师大燕化附中 2016 届应届毕业生 中央财经大学 马福瑶

现在是零点零二分，我保存好金融学的课题文件，伸了个懒腰，终于可以收拾下心情写些什么了。当时听说学校希望我们能写写关于燕附的回忆，我先是感到意外，但之后也感觉十分幸运和感动。感谢学校创造出让我与燕附再续前缘的机会，能让我在这里把对燕附的情感娓娓道来。

常言道，正在经历的此时此刻往往容易被人们忽视，而直到很久以后回忆起来才感到那时的美好与珍贵。这话不假。当时以为大学的美好早晚会冲淡高中的平凡记忆，但是现在已经大学二年级的我对燕附的思念却丝毫没有减淡，甚至愈发强烈。我想我自己也清楚，这里有我忘不掉的人、忘不掉的事和忘不掉的时光……

进入大学以后变化最明显的就是上课的走班制，再也没有像高中那样团结的集体，也没有机会创造属于大家共同的回忆。往往这个时候，我就会想起以前高中班里的趣事，笑得不亦乐乎。高中的时候大家还都很单纯，经常会被一点小事逗笑。比如，小 A 你怎么把刘海剪得像狗啃的一样，小 B 你怎么上课回答问题老结巴，哈哈哈哈。大家你看我我看你，被调侃的人又被笑的人逗笑。然后我们就会无止境地笑下去，直到肚子疼到站不住脚才肯罢休。当时的自己真的是傻乎乎的，但也正是这种无忧无虑的天真让我的这三年充满了欢声笑语。而这现在看来，弥足珍贵。

如今已经深秋，中财的校园充斥着金秋最后的色彩，有时望着图书馆门前的银杏，会不自觉地想起燕附的那几棵，心想它们应该会更加明丽多姿吧！高中的时候，我很喜欢在校园里闲逛，起初是为了放松心情，但是渐渐地便爱上了校园中的景色。燕附最有名的当属教学楼前的玉兰花，白色和粉色的花朵交织在一起开放。它的花期很短，所以每每花骨朵刚刚爬上枝头，就有眼尖的看客留意起来，随时准备记录它美丽的模样。我算是其中一位积极分子，有时甚至会故意绕道过去祈祷它快快开放。等到它终于露出真面目时，我还会更加贪婪地凑上前去闻一闻它的气味，淡而幽香，与它的玉体十分相称。

这时我不得不承认我是个花心的人，因为乱花渐欲迷人眼，其他的枝条也向我伸来，完全抗拒不了它们的美丽。在玉兰的旁边就是几株粉嫩的桃树，论可爱无花能敌，之前还跟它们合照过许多张照片。教学楼另一侧是一排榕树，几种不同明度的粉色花球散落在枝头，十分讨喜，从三楼和四楼的窗子望出去也会被它们的形状所吸引，毕竟我对毛茸茸的东西毫无抵抗力。到了夏天，围绕操场一周的杨树便成了焦点，郁郁葱葱十分挺拔。每次上课间操从楼梯上走下来时都会不自觉地瞄上几眼，然后感叹它们和蓝天过于般配。于是等到哪天这种感叹积累到一定程度，我便会随手抄起一个本子坐在图书馆门前的木凳上画一画它。我是个没有美术功底的人，但还是哼着小曲儿这一笔那一下地勾勒着它的形态，有时候我还会埋怨天上的云走得太快，变换了位置，无法继续作画，但是想一想又觉得没有什么，因为我已经在心里描绘出了此时此刻这份无法复制的激动的心情。除此之外，校园里还有其他景色，比如从操场通往宿舍楼的过道旁的爬山虎、教学楼到食堂路上的银杏等，希望正在校园中与它们一起生活的老师还有学弟学妹也能够与它们创造出属于自己的独家记忆。

如果说上面的那些回忆留给我的是快乐与情怀，那么留到最后，也是燕附教给我的最重要的东西，就是求知的渴望和做人的品格。

我和其他千万中国高中生一样，都要面临高考这一巨大考验，所以学习在这三年里一直占有重要分量。我是个好胜心比较强的人，在学习上自然也不甘落后。在高一没有分班之前，我的成绩还算可以，但是感觉自己有些缺乏学习的主动性，常常想为好好学习找一个合理的理由。高二分班，我选择了文科，起初只是抱着尝试的心态，没想到从此找到了方向。因为初中的文科基础基本为零，所以一切都要从头学起。如果只是简单地看看地图经纬线、背背历史事件确实很枯燥，难以坚持下去，我不得不感谢我的几位恩师把我领上了道，激发出了我前所未有的学习热情。

我是个凡事都喜欢问为什么的人，如果自己理不清前因后果、来龙去脉，就宁愿不去记背那些总结性的文字。我经常会课后找老师问东问西，因此学到了很多书本上学不到的知识。当然这些都是在课堂知识已经很充实的基础上，比如张伟老师总会给出佐证一些观点的历史典故来丰富我们的知识和活跃课堂气氛、穆兰老师也会经常拿出一些时间与我们就当下一些社会现象进行讨论等，这些极大地提高了我们对学习的兴趣，并让我们愿意主动地去搜寻一些资料。

当爱问为什么发展为钻牛角尖，这可气坏了不少老师。"不从作者角度出发理解题目和文章，而是自己想当然地捏造一种情景"几乎一度冲击了我所有的学科，尤其是这种状态在一模考试前后爆发出来，确实给我造成了不小的心理压力。我曾消沉过，但是各位恩师没有对我失去信心。她们鼓励我也时刻督促我，泡她们的办公室成了我的家常便饭，有时甚至和老师一起在楼道里健步走消食。那段用困意和坚持编织出的时光，充满了不服输的青春气息。

各位恩师不仅在知识上带给我成长，也以独特的人格魅力影响着我的认知。首先是教师的无私奉献。高三的紧张不仅是学生的，也是老师的。有些老师甚至连续好几年都坚守在高三一线，这对脑力和体力都是极大的消耗，然而老师还要同我们一起上早自习和晚自习，晚上九点多还要在寒风中赶回家的最后一趟车。每每想到这里都想深深地为她们鞠上一躬，并更加严格地要求自己不能辜负老师的期望。其次，从她们每个人的身上，我看到了方向不同却同样缤纷绚烂的生命轨迹。从彭秀娟老师身上，我看到了一种女性特有的严谨与和善。她对我们的英语基础抓得特别紧，每次讲解试卷都会让我们从头到尾地分析缘由，一步步引导我们发现答案的线索。这虽然耗费了一定时间，却培养了我们严谨的态度，降低了我们出现低级错误的风险。课下我与老师闲谈时，也发现了她和善、风趣、豁达的一面。丰富的阅历让她有分享不完的话题，在我最后的冲刺阶段，为我解决了不少心理上的困惑。在张伟老师身上，我看到的是积极乐观的生活态度，可能是读史读得多，千奇百怪的事情也知道得多，所以无论遇到什么事情都能乐观应对，从容不迫。韩树红老师则给我留下了雷厉风行的印象。她看起来稍显严肃，但是讲起课来条理清晰、铿锵有力，在第一节课上就让我折服，我十分向往成为像她一样理性而果敢的人。穆兰老师身上散发着浓浓的书香气，无论是从文字还是从衣着举止，都能看出她对文学、对传统的热爱与追求。我的语文曾一度云里雾里摸不出门道，但是穆兰老师告诉我要认真品读文章，从作者的角度去感受文字的温度，才会感同身受，有所体悟。从这以后，我慢慢地能读出些文学味儿，体会出字里行间的情与趣。钱月华老师应该是最能摸得清我的小脾气的人。因为在数学上稍有优势，所以我有时会放松对基础的把握只去攻克难题，这也确实造成了我几次考试的失误。每一次钱老师都会微笑着指指我，一边说着"哎呀我说马福瑶啊，你……"一边又在我的试卷上圈点勾画着，顺手从桌上拽出几张试题，让我回去巩固，生怕我又大意失荆州了。班主任程锦慧老师和我算是亦师亦友的关系，课堂上严肃，课下也开得起玩笑。从她的身上我看到了责任的重量，也看到了母爱般的温柔。身为班主任，她要负起全班的各项责任，所以她以身作则严格要求自己，早到晚归，时刻保持着工作的热情，平日里对我们也严加管教。但我们还是能感受到她的温柔，怕我们太辛苦就趁默写的工夫帮我们打扫班里的卫生，有什么事情她第一个出面帮我们解决。能成为您的学生，受到您的信任与关爱，我倍感幸福。

当然，接触过的其他老师也从不同方面帮助我成长和蜕变，在此一并感谢。同时，我也会把你们对待生活、对待持久学习的积极态度带着一起上路，在未来用这些品格支持我走下去。

现在是三点四十八分，我写作拖沓的毛病还是没有彻底改掉，也不知道这次有没有偏离中心思想呢？我对燕附还有太多的话要说，但是最能表达我此刻、也是永远的心情的就是：我以我是燕附人而自豪和骄傲！

# 我在燕附那三年

北师大燕化附中 2016 届应届毕业生 苏州大学 王林彤

又是一年春天，宿舍楼前面的白玉兰开得正好。微风吹过，不时会有一两枚花瓣悠悠飘下。随着这花瓣飘走的，还有我的思绪。记忆中的那个地方也种着几棵玉兰树。树不多，但每棵树的树冠都很大。每逢 4 月，满树白色的玉兰花随风摇曳，像振翅的白鸽，落在枝头上，也落入每一位燕附学子的心中。

五年前的我，同所有刚进入燕附的新生一样，怀着忐忑而兴奋的心情，走进玉兰花旁的那栋教学楼，开始了忙碌而又充实的高中生活。高一的时候，我被分入石化科技班。科技班的学习任务比其他班级要繁重一些，课外的拓展活动也要相对多一些。但在这个过程中，我所学习到的知识远比自己牺牲掉的休息时间要珍贵。尤其是高一时我同几位同学一起报名参加的"翱翔计划"科研创新活动，让我有幸领略了很多专家学者的风采，并得到接受他们指导、独立完成课题研究的宝贵机会。直到上了大学，我都能深切地感受到这些经历带给我的好处。高二时，我根据志愿方向进入文科七班。平心而论，在七班的学习生活要轻松一些，这很大程度上是因为我可以在这里专心地学习自己更感兴趣也更擅长的人文类科目。七班相互促进、奋发向上的班风也让我有了更强烈的归属感与学习的动力。可以说，这一年，是我高中生活最惬意、也是最难忘的一年。在高中的最后一年，我进入了文 A 班。文 A 汇聚了全年级文科成绩排在前列的同学，这对我来说是不小的压力。不过事实证明，这种压力帮助了我，促使我更加认真地完成老师布置的任务、分析每次习题中出现的错误，并在考试中加倍小心。另外，一次次的测验与模拟考试也极大地锻炼了我的抗压能力，让我的性格变得更坚强。最令我难忘的是，在高三，有许多老师和同学鼓励、帮助了我，陪我走过了最艰难、最绝望的那段时光。可以说，这紧张而充实的一年让我完成了精神上的一次蜕变，也让我收获了许许多多温暖而动人的回忆。

回忆起我在燕附的这三年学习生活，不得不说的便是那些尽职尽责的老师。虽然我现在已经毕业一年有余，但老师当年的教诲犹在耳畔。还记得高三时，班主任程老师每天早晚不忘监督我们背诵知识点，教历史的张老师每次考试后都会到每个人座位上答疑，钱老师在午休时间也不辞辛劳地指导我们订正卷子上的错题……这一件件看似平常的小事，无不折射出老师辛勤育人的一片苦心。在这些老师中，给我留下最深刻印象的是我高二、高三两年的班主任程老师，还有教过我语文的汤老师和穆老师。还记得那时课堂上，程老师经常会用一种幽默而生动的方式来讲授知识点；课下，她又能"从严治班"，让我们把课余时间充分地利用起来，使班级的学习氛围非常强烈。汤老师虽然只教了我一年，但她让我充分地认识到了中文的美与自己的兴趣所在，使我找到了一个值得为之努力的、清晰的目标。穆老师对我的辅导帮助了我，并使我在高中后两年的语文取得了较为稳定的成绩，从而进一步向自己的理想靠近。她们的教导让我找到了前进的方向，同时也助我朝这个方向迈出了关键的一步。高中时代，每一位老师都见证了我一点一滴的成长，每一位老师给我的帮助都让我受益至今，每一位恩师都值得我永久地铭记。

挟有一丝潮气的微风吹过，我的神思又回到了大学校园之中。一晃又是一年过去了，虽然我人已离开燕附、离开北京，去往外地求学，但只要想起燕附的老师、想起燕附的校园、想起我在燕附的那三年，我就知道，自己的心永远有一块空间，沉甸甸地盛着母校的一切。

# 三年

北师大燕化附中 2016 届应届毕业生 中央财经大学 陈明琰

在燕附的三年时光，说长也挺长的。当时天天上学下学，一有时间就忙些有的没的，感觉每天的生活都很相似，怎么也望不到头儿似的。只是现在回过头来再想想，突然发觉：时间过得真快啊，明明感觉昨天还在四楼最靠近水房的那间教室里听课做题，转过天儿来都已经毕业一年了。这个说法可能听起来有那么点儿别扭，但是确实是我内心最为真实的感受。

高一的时候因为人生第一次住校，也许是比较新鲜和激动吧，整整一年时间我们每天晚上都能"卧谈"到半夜，白天上课困到睁不开眼，晚上倒是精神得很。我头脑中的高中头一年就是在不断的补作业和补觉之中度过的。玩得倒是挺开心，成绩就只能说是不好不坏。现在想想其实稍微有点儿荒废人生的意思，但是也算是一种独特的体验了。

高二是我最活跃的一年。我从很久以前开始就是那种很能"折腾"还不嫌累的人，高一参加的活动比较少，可能不是很明显。上了高二虽然课程难度提高了，主科的量也加大了，但是我参加的校内外活动倒是不减反增。每天除了写作业上课就为着各种社团活动忙得不可开交。这些活动在一定意义上锻炼了我的各种能力，包括人际交往能力和组织协调能力等等。这些能力保证了我的课业成绩没有下滑，也为我在大学的自我管理、自我控制提供了保障。

但是说实在的，高三其实是我印象最深刻、也最怀念的一段时光。估计以后也很难再有这样纯粹的日子了吧？虽然可能每天的活动不是考试上课就是作业，但多亏了身边可爱的老师与同学，这段日子虽然单一但并不单调乏味，回想起来反倒是充满着乐趣以及那种强烈的，对实现梦想的渴望。充实的生活总是愉悦而飞快流逝的，也是收获良多的。虽然我最后还是遗憾地没能进入自己心仪的学校，但我其实也挺满意现在的生活，也万分感谢母校为我们搭建的实现梦想的平台。

写下这篇文字的时候，我刚刚经历了自升入大学以来最忙也最手足无措的两个礼拜，甚至可以说是长这么大头一次这样忙乱。多亏了高中时代锻炼出的自我控制力和时间安排能力，我才能比较平和地脱出身来。自从上了大学，我就总想着什么时候能再回趟燕附，跟着高三学生们再听一个礼拜的课。那个时候当然也有过疲惫和迷茫，可更多的其实是充实、快乐和满足吧。在那一段忙碌却纯粹的追梦之旅中，我最终寻到了自我，也获得了成长。这些宝贵的财富，将会引领我一直向前，一直一直走下去。

# 当时只道是寻常

✎ 北师大燕化附中 2016 届应届毕业生 中央民族大学 鲁一岚

所谓回忆，终究不过是渭北春天树，江东日暮云。

——题记

在被分到一班之前，我从来没有注意过实验楼前的那几株玉兰。它们生得很高，枝叶挨挨挤挤地探进物理实验室的窗口，像是窥视着人间的精灵。春天，枝头上毛茸茸的花骨朵便会开出漂亮舒展的花来，在校园清晨氤氲的雾气中像是振翅欲飞的白鸽。

那些洁白的花朵带着清浅而独特的香气，就算落到地上枯萎的姿态也是优雅的。站在树下抬起头，视线便会被大朵大朵的洁白与浅紫，还有浅金色的阳光填得满满的。看得久了，总会生出一种燃烧般的错觉。晚自习的间隙靠在窗口眺望校园外面或远或近的灯火，微风吹过，鼻息间便全然是玉兰淡淡的香气，馥郁却又不至于甜腻，给人带来一种刚刚好的舒心与放松。

我们离开的时候正值春末夏初，兼之心境的大起大落，竟也没再注意到那几株玉兰，后来再有赏花的心已是到了大学了。大学校园里除了这种极常见的花，还有紫薇紫藤、海棠榆叶梅以及许多我叫不上名字来的植物。有园丁打理着自是每一株都繁盛美丽，可那样好的玉兰，我终是再没有见过。

高三那年分班是在一个周一的下午，我整理完东西提着装满卷子的风琴包站起来，跟后桌说声"那我走啦"就离开了教室。从后窗边的座位走到门口，短短一段路我走得安静沉稳，可那时的情景至今都清楚地存在我的记忆中。也许在我的认知里，我的高三生活就是在那一刻，缓慢却又轻巧地拉开了帷幕。

班里只有十四个人，所以每个人都能奢侈地拥有两套桌椅，一套自己坐，一套放书本卷子习题集。我用的那张桌子上有它前一任主人刻下的一句话："岂能尽如人意，但求无愧于心。"这句话写得实在很好，坦荡磊落下还存留着一丝利刃出鞘般锋利的决绝感，"只求无愧我心，旁的事又有什么相干"是性子本就偏激的我唯一能接受的一句劝人看淡结果的话。我常常以这句话自勉，可到底达不到如此境界。至今都因着《老腔》偏题而于己有悔，且于辛勤教导我的穆兰姐有愧。

讲过风景讲过记忆，于情于理也该讲到老师了。若要文章详略得当便势必要厚此薄彼，虽然在每日的相处中的确有亲疏之分，可我对每一位老师的尊重与敬爱都是相同的。我感谢杨哥和穆兰姐作为班主任严格中的温柔，感谢 Fendy 忙里偷闲带我们吃火锅的热情，感谢于老师给并不认识的我讲题的负责，感谢环儿爷安慰一百都没上的我"考得很好"的善良。我感谢每一位老师的良苦用心、谆谆教诲，感谢年少懵懂的自己将未来交到了这样一群真负责的教师手中。

他们已经携我走完这一程，不曾辜负，接下来的路剩我一个人，不论繁花似锦还是荆棘遍布，亦不愿辜负。

我向来是很喜欢辛稼轩词的，唯有这一句觉得并不妥当："明年此日青云去，却笑人间举子忙。"许是并不曾青云而去的缘故，我至今都怀念着那些兵荒马乱却又目标坚定的日子。那样地孤注一掷，那样地奋不顾身，自己选定的道路就算望不到边也要咬着牙走下去。如此庄重肃穆，又如何升得起玩笑之心？况且成年后的世界就算再怎么光鲜亮丽，也是冷漠甚至带着恶意的。我后知后觉地发现，燕附是我少年时代里，最后无忧无虑的时光。

一日做梦，我们重回高三课堂，从我的位置抬起头依然可以看到旧旧的红旗，电箱上放着的香菇酱折射出惯常的午后的阳光，一切都是那么熟悉，连黑板上没擦干净的粉笔印儿都是在脑海中描摹了千遍的模样。宋媛媛老师抱着一摞卷子从后门走进来，许是我们太吵的缘故，她问："你们想干什么呀？"依旧是严厉中掩饰不住笑意与宠溺的嗓音。我假装没听懂她的弦外之意，涎着脸笑嘻嘻地答道："讲讲圆吧。"于是她转过身，板书一如记忆里的工整严谨。阳光斜斜地照下来，她写下的每一个字都仿佛有了温度。

教室里依旧吵闹非凡，而我竟不愿醒来。

# 我在燕附的成长故事

✎ 北师大燕化附中 2016 届应届毕业生 北京工业大学 王洁溪

最近一直很忙，当班主任老师跟我说要写这个文章之后，我满口答应下来，并称自己一定能在规定时间之前早早地交给她。老师很欣喜，我也很欣喜，毕竟于我而言受到母校的文章邀请，这是一种荣誉，更是一种证明，证明了我在燕附的三年并不虚度，或多或少总有那么一丁点的价值在。这让我感觉到了一丝喜悦，最近忙得很，忙到爆炸，忙到很久没有露出真心的笑容来。这丝喜悦仿若从阴暗中猛然窜出一簇微弱却莫名令人安心的焰火，让我的心里登时变得暖堂堂的。提起我在燕附的生活，我的心里便总是暖堂堂的。

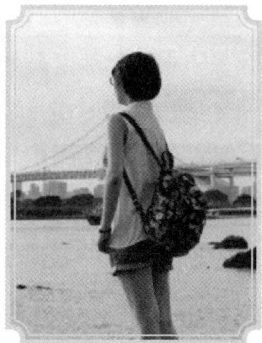

但是答应下来后因为种种原因，这个文章就被拖到了现在才得以完成。当然你们是不知道我拖到了多晚的，你们可以自行想象一下。而且我告诉你们啊，这个文集里其他故事的作者，都是比我厉害太多太多的大佬。燕附的大多老师都非常的优秀且严格，我着实是忝列门墙，对不起老师对我的栽培。高三的时候有一阵我天天玩手机到凌晨两点钟，当时若是能够再努力一把再燃烧一下自己的发际线，或许我就将坐在另一所大学里打下这些文字。不过我的这些幻想都不重要，先按下不表。下面这些回忆我高中生活的文字各位就当看个乐呵，看这个傻呵呵的大姐是怎么跌跌撞撞地走完这三年的。看完了可以相互评论一番（建议多夸夸我），可以嘲讽我说"嘿，看这个大傻子"（反正我也听不到），也可以予以最冷漠的处理——无视它。我都是无所谓的，毕竟对于我来说，下面这些文字是写给燕附的，也是写给你们，更是写给我自己看。

我觉得高中生活最大的魅力在于你身处其中的时候是不知道它有多宝贵的，唯有脱离了、失去了——我想我是有资格说这种话的，你才会发现它是那么的弥足珍贵，尽管它可能客观上看确实不是完美的存在。几乎很少有人拥有过那种教科书一般的高中生活，但是每个人有每个人的道路。你可以做一个埋头苦学的学霸用书本和笔记填充你的三年生活，可以握起画笔迈起脚步用另一种方式追逐你的人生，当然你也可以对课堂嗤之以鼻然后和几个姐妹兄弟吵吵闹闹过一场烈火烹油一样的，甚至是疯狂的青春。这几种方式并无好坏优劣之分，因为我并没有资格评判他人的行为，只要当事人不后悔即可。

我大概属于第一种吧，因为自己除了学习再学习考上大学之外实在是没有什么可以立足社会的其他本领。在这里我要说燕附确实是一所还算优秀的学校，它在努力地追赶那些赫赫有名的高中学府。当然它和人大附中、四中之流还到不了一个层次。如果你身边有在那些学校里就读的学生，可以和他们聊聊，你会发现一种截然不同的人生。但是对于燕附而言，我个人认为它已经在它能力范围内足够优秀了，它的夜宵、它的小卖部、它的火锅，它的一些讲座和活动都是很令我怀念的。这里的老师也在孜孜不倦地传道授业解惑，送走一批又一批的学子。我对他们怀着深深的感谢，没有他们便没有燕附的如今。

我算不上特别天资聪颖的学生，所以老师对我的关注并没有那么多。前些日子返校玩耍的时候，我的生物老师已经记不住我的全名了。不过这又如何呢？要怪也只能怪自己没有干出过什么惊天地泣鬼神的大事来让老师铭记罢了。如果你打算好好学习，高中的生活真的很压抑，尤其是高二、高三。我还记得自己高二刚转来石化班的时候，一开始有些不适应高强度的学习，同学之间还不熟悉，生疏得很。我带着那种"不能让这个班里原来的人看不起我们"的、在现在看来很幼稚的倔强，生活得非常艰苦。有一次晚自习之前，姑妈来给我送饭改善伙食，我和好友拎了两大盒饭菜跑回宿舍准备享用，我俩一人叼一只鸡翅，时不时夹几筷子菜，吃着吃着悲从中来眼泪大颗大颗地往下掉。我抱着她在安静得可怕的宿舍里号啕大哭。她轻轻拍着我的后背捋顺我的呼吸，自己一言不发。最后哽咽着收拾了桌子，擦擦眼泪，装作无事发生地去上了晚自习。

其实后来高三相处中发现大家都是很好的人。在高三这一年压抑得令人窒息的环境中，晚上十点半大家分享一盒鸭锁骨之类的事情，更是让人感受到一种家人般的温暖。我希望大家珍惜这段时光里出现的人们。

在我看来，燕附是值得各位在这里享受自己三年青春的，也只有高中时期能被称之为青春。高中的齐刘海，高中的刻意锁过裤腿的心机校服裤，高中的帆布鞋，高中的楼道里相互追逐互称儿子的叫喊，高中的不知道为谁留下的眼泪，那种无所畏惧又天真烂漫的感觉，以及无所牵挂只是为了自己的未来努力的坚定，真的太令人难忘了。希望你们珍惜，因为这辈子，也不可能有第二次了。我和燕附的故事不重要，你们在这里的故事，才是现在最重要的。

# 我在燕附的成长故事

北师大燕化附中 2016 届应届毕业生 北京工业大学 张圆梦

　　燕化附中，这个亲切的名字再次被提起。它带来的不仅仅是我对母校生活的怀念，还有我心中无限的感谢。

　　说到燕化附中，不得不从初中报志愿开始提起。初中四年，我对燕化附中还是有所耳闻的，但是初步印象并不是很好。可能因为燕附的生源一直都不是很好，所以成绩没有市里那些学校突出。中考后，我并不想选报燕化附中，而是想去丰台求学。但母亲执意，我才报了这所高中。来的时候，其实我的心态不是很好。但是在接触了那么多老师以后，我发现燕化附中真的很优秀，也是真的被人误解了。

　　燕附的老师都十分负责，也很厉害，都从很知名的学校毕业。我所在的石化科技班就更好了，有两位非常厉害的班主任，还经常举办一些拓展我们知识面的活动，像参观牛口峪水库的污水净化装置、听科学院的老专家关于磁悬浮和航空航天的讲座、自己动手实验观察小叶黄杨在不同生长激素环境的生长过程，等等。活动可谓丰富多彩，让我汲取了很多课外知识，在大学中也可以尽情展示，大家对我的知识面也非常佩服啦。

　　除了课外活动，老师的认真负责也让我印象深刻。我高一、高二的班主任，杨老师，可以说是非常严厉了。平时对我们严格要求，一板一眼，时刻关注每个人的学习状态，并对状态不好的同学进行辅导，想尽办法提高我们的成绩，指出我们学习中的不足，让我们互相分享学习方法。虽然平时杨老师总是凶巴巴的，但是讲起课来却笑容满面，每个知识点都十分清晰，让我每时每刻都进入课堂。我想这也是我们班成绩较好的原因吧！还有教英语的张老师、王老师、刘老师，虽然教学风格大相径庭，但各有千秋，并且都为我们的学习成绩尽心尽力。张老师因为年纪与我们相差不大，所以我们之间代沟较小，她很容易和我们打成一片。这种亦师亦友的关系，让学习没那么枯燥无味。王老师非常可爱且负责，我很喜欢她，所以也很认真啦。刘老师则是十分擅长写作和单选教学，常常训练我们的字体和细心程度，想让我们更上一层楼。生物的姚老师是一位男老师，我觉得他也十分负责。我们的提问他都记在心里，哪怕与试卷无关，他也会课下查阅资料，为我们答疑解惑。年轻的生物老师非常有耐心，哪怕我的问题非常愚蠢，她也会一字一句地为我讲解明白，我对生物的兴趣也因她而起。数学的周老师、钱老师及陪伴我高三的张老师，一个严厉，雷厉风行、注重提高；一个温和，温文尔雅、注重细节；一个严肃，不失幽默、注重基础。物理雷老师非常有趣，讲课很激情，让我无法走神，采用激励教学法，对我们严格要求，期望很大，让我们自己发奋努力。最后，要感谢我的高三班主任兼语文老师，这个老师非常好看，也很温柔，总能和我们打成一片，但到了学习时间就不能容忍我们玩乐打闹了。

　　总之，所有老师我都很喜欢，也很感谢，也感谢燕附给了我认识这些可爱又认真的人的机会。我从心中敬佩、爱戴这所学校和学校中所有可爱的人。希望燕附可以更好，也希望燕附角落里的桃花每年都如期盛开，老师们桃李满园。

# 一路收获 一路感激

北师大燕化附中 2017 届应届毕业生 北京工业大学 晁溪蕊

我依旧清楚地记得，答完高考英语试卷的那一瞬间，没有欣喜若狂，也没有激动万分，反而平静得很。高中三年的学习终于在那一刻画上句号。我却不知，那将是我今后生活中无比怀念的时光。

在燕附的这三年，我的逆袭成就圆满达成。如果让高一的我立下目标，考上我现在就读的大学，毫不夸张地讲那就是一个不切实际的梦想。因为我高一的第一次期中考试，年级排名 178 名。或是因为身在实验班的我无颜面对这个成绩，或是不希望看到父母和老师失望的神色，我开始稍加努力地学习，成绩一路起起伏伏，以极其微弱的优势进了文科实验班。通过高二一年的学习，我再度以极其微弱的优势进了高三文 A。或许是冥冥中注定，我和班主任很是有缘，连续两次都擦边进入她的班级。就这样，我在她的带领下开始了最刻骨铭心的高三生活。高三是枯燥的，是痛苦的，但也是快乐的。我会因为解不出数学题而急得哭泣，也会因为成功算出一道数学题而喜笑颜开，这种心情，只有亲身经历过才会感同身受；我会因为一模、二模相差甚远的成绩而焦躁不安，也会因为和班主任进行一次畅谈而变得心如止水，继续努力向前看；我会因为付出没有得到回报而气急败坏，却未想过放弃，纵然前路荆棘遍布，亦将坦然无惧，仗剑前行。或许这就是高三让人难忘的原因吧！它带给你的，远比你想象的要多。

在燕附，我的收获不仅是一份令自己还算满意的高考成绩。高三，爸爸突然病重。这个突如其来的事件让我和妈妈都猝不及防。面对着繁重的学习压力和沉重的打击，无数次想过放弃的我还是挺过来了。这其中，有家人的陪伴，有同学的安慰，更有老师的鼓励。这些力量支撑着我度过最艰难的那段时光，这些情感都是我在大学体会不到的。如果说成绩让我迈向了一个更高更广的平台去提升自己，那么在燕附的这些经历与所体会到的情感，才是真正让我成长的。它让我学会直面生活所带给你的一切，不论是美好的还是悲痛的，我们总要寻找生活中向光的一面，然后继续勇往直前；它让我学会了珍惜身边的每一个人，每一份感情。我的高三，收获的不仅是成绩，还有比成绩更宝贵的东西。

回想起来，时间好像还停留在高一军训，我仿佛才刚进入燕附。但其实，我已经带着满满的收获踏入了大学校园。有些东西，一直都会记得。对于燕附的一切，我的老师，我的同学及我的经历，我都怀揣着一份爱与感激。这些将是今后道路上，激励我前进的动力。何其荣幸，高中三年可以在此度过。壮哉我燕化附中。

# 我的昨天，在这里

北师大燕化附中 2017 届应届毕业生 北京林业大学 段怡雯

高中的三年，燕附的校服上，留下一缕缕青春的印记。我的成长故事看似平凡，可于我而言，它深刻得又怎能轻描淡写，不着痕迹。

刚来到学校时，我满怀期待。我想，高中这三年一定会有满满的收获吧。高一整整一年，我斗志昂扬地从早到晚啃书本，少有闲暇时间。现在想来，那时的我不过是将学习看作一项不得不完成的任务罢了。但是，不管我怎么努力，因为脑子不够聪明的缘故，对于理科科目，我比其他同学多花了几倍时间，和他们的成绩却不相上下。我有过彷徨，也有过无奈。终于有一天，改去学文科的想法悄然而至。走出石化科技班的那一刻，我义无反顾。既然做了选择，就要头也不回地走下去，还犹豫什么呢？人生最糟糕的，不是后悔，而是由于惧怕后悔而放弃踏上本可以更光明的前途。

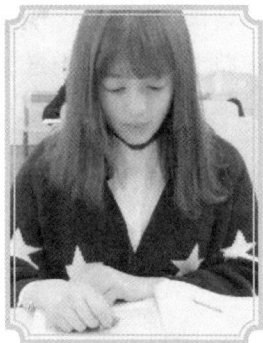

高二，成绩一直名列前茅，这让我觉得学文科是个正确的选择。可能是由于成绩尚佳的优越感，我渐渐觉得成绩不那么重要，在学习上越来越放任。到了高三，成绩每况愈下，我心里却波澜不惊，毫不在意。我当时在想，我已经做了那么多年的只会学习的机器，我再不想让枯燥的课本淹没我本该欢度的年少时光。这一次，我仍旧不顾一切地依着我的心去选择。现在看来，也许那时的我错了，但如果时间再重来，我想我还是会听从我的心声吧。

高三那年，莫名的状态不好，整日庸庸碌碌、不思进取。我想，就这样吧，能考上大学就可以了。好在这时候，有一个人拯救了我，她是我的班主任。看着我成绩直线下滑，固然心焦，可她没有斥责我，惩罚我，而是更加深切地关心我。课余时间里，她找我谈心，开导我，给我前进的动力，让我感受到自己所肩负的众望有多沉重。我知道，我不能再颓废下去了，因为我没办法将身边的人对我的期望置之不理。

等到我真正想通了之后，离高考只有不到两个月的时间了。我想，不管是否来不及，我都要背水一战。

于是，这段时间，学习填满了我的生活。然而，我不仅没感到厌烦与疲惫，反而感受到了拼搏的乐趣，那是没有任何目的性的，单纯地为自我的充实和升华所感到的快乐。

高考那天，出乎意料地平静到极致。我不知道为什么会这样，可能是因为在努力过之后，领悟到了拼搏最本真的意义，至于成绩这附属品，也就不那么重要了。

我的成长故事，正如你们所见，平淡无奇。我欣赏自己的随心所欲，却又懂得了，在每一段人生旅程中，我们应当完成自己该做的事情。就像高中时光，本就是该用来拼搏的吧，为了自己的梦想，为了青春年华不错付。

# 我与我的"桃花岛"

北师大燕化附中 2017 届应届毕业生 北京邮电大学 郭琳依

　　把燕附形容为桃花岛一点都不为过了。拿燕附的地理位置来说，北京的郊区，远离市中心。说不上人迹罕至、人烟稀少，但是较于人大附中、四中等学校，这里也算是一个鲜为人知的地方了。其次是燕附的环境，大家都知道，桃花岛是黄药师的私人居住地，在此出了很多厉害的武侠人物，像黄蓉等，而郭靖、洪七公等武侠高手也与桃花岛有关系。这也象征着我们学校孕育了很多优秀的人才。

　　在燕附的三年使我成长了不少。不仅仅只有知识的增长，还有心智的成熟。我想和大家分享几个令我记忆深刻的老师。

## 我与我的 sticker（小贴画）（曲秀苹老师）

　　很幸运从高一开始就在曲老师的班里读书，一直到高三结束。还记得高三前几天发准考证的时候，她没有像其他老师一样感性落泪，还是一副"泰山岿然不动之态"，让我们减少了很多情绪上的波动。正因为她坚持这样一种冷静平和的做事态度，才让无论我们犯了什么样的错误，或者出现了什么样的问题，都能将它们处理好，问题也就不再成为问题。回顾高中三年时光，一路磕磕绊绊，出了很多差错和问题。但庆幸的是，老师没有斥责我，而是用一种引导的态度教会要怎么做。直到上了大学，我还清清楚楚地记着自己在学习压力大的时候和老师一起谈心，商量如何突破瓶颈期；在学历史学到起兴的时候和她一起探讨学历史的意义到底是什么；抑或在办公室拿着自己不会的题对老师穷追不舍地提问……成长这种东西，从来都不是一蹴而就，而是渗透在生活的点点滴滴里。只要经历过，就能在回忆时感慨良多。

### 数学启蒙老师周伟丽老师

有幸上周老师课的人真的是运气超好了。高一的时候，周老师精辟的讲课方式及与考点高度相符的例题，使我们在感受到数学魅力的同时，提高了数学成绩。高一一年对周老师的死缠烂打使我将 90% 以上的数学内容都消化了，并且有了自己的想法，为我后面数学的学习打下了良好基础。

### 数学老师王英老师

超级温柔的王英老师，是那个会喊你"宝儿"的人，是那个一天留数不清卷子的人，是在你数学考不好的时候坚定地握着你的手说没问题的人，是那个在你捂住自己考砸的卷子时轻柔地摸你头的人……高三有段时间，我的数学成绩下滑得很厉害。但是王英老师一直都没对我失去希望，很认真地跟我说："我觉得你没问题。"正因为她的相信，让我有勇气审视自己到底为什么陷入低谷，后来慢慢突破，对数学有了新的体验。

### 英语刘会欣老师

高一的时候和英语老师耍小脾气，会觉得英语老师上课讲的内容很无聊。但是英语老师纠正了我这样的看法，并且在三年的学习当中与我亦师亦友。

### 英语彭秀娟老师

她是会在我答错很简单的问题后，用恨铁不成钢的眼神看着我的那个人；是会在我上课干其他事情时包容我，却能让我看出来她不希望我上课分心的那个人；还是在我吐槽作业多的时候，一本正经地和我讲不能抱怨的人。她有一颗简单纯净的心，她的看似简单的教育理念，让我在学习英语时不再浮躁。

### 我与给我出谋划策的波波老师

从高二开始接受波波老师的教诲，无论是政治知识，还是心理状态，他都给了我很多指引。在他的帮助下，我学着去调整自己的心态，不去患得患失，放下包袱轻装前行。高三下半学期，每次上课前他都会吓唬我们，跟我们说还有几节课你们就要高考了！本来以为，我们还有很长很长的时间听波波老师讲那些大道理或者是形势政策，却发现时间转瞬即逝。我们的政治课，已经成为追忆。

## "姥姥"

我们的地理张革老师有个外号"姥姥"。尽管已经接近退休年龄，但是她仍然坚持给我们上每节课、每个自习。尤其是我这个地理菜鸟，得到了老师的特别关照。

## 语文老师——穆兰

温柔的辛夷，在高三那年基本上每天都帮我看一篇作文。在认真的她的帮助下，我发现自己逻辑思维里的漏洞并积极改正。我也在与辛夷的交流中了解了很多新鲜的观点。

最后有一句想和学弟学妹说的话。燕附虽然不是城里的知名重点高中，但是它的教学水平绝对不比市里差。在这里的老师每一个都是关心你的，有问必答，有求必应。希望学弟学妹珍惜在燕附的日子。可能每一个十五六岁的孩子都憧憬美好的大学生活，但是高中生活同样令人回味无穷。不管未来如何，重要的是当下，踏踏实实地过好每一天。当然，每一个阶段都会有对现在生活的不喜欢、厌恶之情，这些都是正常的。重要的是要在这种平凡的生活中发现美好之处，无论是同桌递给你一块你最喜欢吃的巧克力，还是上课时老师一个赞许的眼神，都能令人开心。这是最重要的。

# 燕附生活记

北师大燕化附中 2017 届应届毕业生 北京航空航天大学 李晨溪

    "流光容易把人抛，红了樱桃，绿了芭蕉。"三年时光匆匆而逝，我从懵懂的初中毕业生成长为一名大一新生。回首高中三年在燕附的学习生活，那些又甜又涩的小日子总会忆上心头。现在我正坐在图书馆内，用键盘将它记录下来。

    2014 年 7 月，我拿到了燕附的录取通知书，正式成为一名燕附学子。走进校门，来到高一（3）班，经过磨砺身心的军训后，高中生活正式开始了。高一、高二课余生活丰富，犹记得应急避难体验时大家不知所措却互相帮扶的情谊，挖白薯时暗暗使劲不肯服输的小心思，打靶时的飒爽英姿，还有大厨赛时小组烹饪的各显神通，都给枯燥的学习生涯增了一抹亮色。

    但高中生，学习总还是最重要的任务。刚上高三时（现在想想总有一种初生牛犊不怕虎的感觉）想要施展拳脚，在学习榜上留下自己的名字。奈何现实骨感，自我控制力低下，第一次房山模拟考给了自己一个霹雳，成绩惨不忍睹到现在还记得那丢人的分数。迷茫、惶恐，不知道该怎样努力去追赶同班同学。我和班主任有了高三的第一次谈话（考完试就谈话也算是从高一就保留下来的传统了，但是真的有效果！）说不出来为什么，焦躁的心突然有了安全感，我告诉自己，还有一年时间，我还来得及。

    对于每个高三生而言，稳定的发挥是成绩的保障，也是稳定内心最重要的因素之一。然而我的成绩却像 sin 函数一样波澜起伏，一模后由于考试失利，我的情绪崩了，自我怀疑地想不然就破罐子破摔吧，明年再来一年。现在想起真的感谢老师的不放弃，数学老师发微信给我，要我把五大城区的卷子每周做几套带给她看，还用学长学数学的经历激励我。老师的鞭策使我从一模后真正开始努力，带着一颗不放弃的热血的心每晚挑灯夜战，攻克难题。

在附中，我还收获了可爱的朋友们。"你帮我看一下这道题""黑板上那个讲一下"这样的问答发生在高三的每个课间。除了老师之外，我的学霸同学们也抽空解答我的疑问。在我们班有全能答题王，也有写作业比赛小组，就连吃饭时讨论的也是解析和导数。在这样浓厚的学习氛围下，每个人都把共同前进当成目标。结果当然不负众望了。"加油加油，我们一定可以的！"互相激励，彼此监督，使得高三的生活总体来说还是甜蜜的。上了大学后依然会在学术群里讨论一些政治、数学问题，大家吐槽吐槽大学生活。我依然感觉她们就在我身边，陪我度过学习生活的每一段重要时光。

曾经我也有过怀疑，中考考得好一点进了城，师资会不会更好？眼界会不会更开阔？可是你要知道，适合自己的才是最好的。现在我所有的一切都是当初最好的选择，高中三年，无悔我燕化附中。

# 奋斗的青春

✍ 北师大燕化附中 2017 届应届毕业生 中国人民大学 杨邦东

"我怀念高三吗？这可是个不错的问题啊！"看着眼前有待收拾的杂乱卷子，摩挲着手中盘得光滑的笔，我回忆起高三的点点滴滴，"那是当然了，不过，我怀念的究竟是什么呢……"

我的高三其实很无聊，作业很多，我还打算做更多练习。于是每天都不得不投入大量时间向前赶，以至于每天都过得匆匆忙忙，成为同学们眼中的异类。

忙碌的一天实则是从清闲开始的。倒非是有意，实在是睁不开眼。耳听得周边同学的阵阵嗤笑，隐隐也能察觉他们的指指点点，甚至清楚地听到语文老师说"困的同学清醒一下，不行就站会儿"，可还是怎么也提不起精神，身子不听使唤，只能一下下点着头。终于，清朗悦耳的声音越来越近，辛姨走下来了。我迅速清醒过来，却在危机过后再次陷入昏沉。待到第二节语文课真正清醒过来，同学们都似笑非笑地看向我。老师也笑道："熬夜学习效果其实并不好。"我轻轻辩解道："昼短苦夜长，何不秉烛游？"老师倒也不纠缠，继续分享写作素材。擦了擦划得乱七八糟的下巴，我随手记上几笔素材积累，主要精力却放在了手边的一沓地理题上，一字一句揣摩着地理老师的"朱批"，不知历史课之将至。

"任鹏飞，你看看这地理……""又不是作业，不看不看，一会儿历史课还默写……""哎！忘了！"我惊叫一声，起身冲进对面的办公室，熟练地拉开班主任的柜子，抻出一张卷子，却被历史课代表的告状打断："老师，您看他又来偷卷子！""读书人的事怎么能叫偷呢，叫窃……"我无力地信口胡说。历史老师兼班主任温和地劝解着："你就让他拿吧，省得他又写数学。"一节历史课在记笔记和写作业中匆匆而过。

转眼又是节政治课，波波老师慷慨激昂地剖析着供给侧改革的经济原理。兀自怀恨在心的历史课代表回头一看："果然你又不干正事儿！"我洋洋自得地讲解着："你看我历史课上写完答题，留下选择题政治课打发时间多好。"眼见着政治老师来了，我熟练地推下一本政治五三，遮住历史卷子，风头过后我自依旧。

送走政治老师，我摇醒另一位沉睡中的数学课代表："接数学老师去了，我还得数卷子呢！"等来的只有一句："你去吧，不许给自己多拿卷子……"我只有快步走向数学办公室迎接老师："老师，有同学问您要今天作业。"数完今天的，我一抬头瞥见三摞卷子："这是？""周末的，你别又自己拿。算了，你都发了吧！"刚一抱回班，任鹏飞就大声嚷嚷起来："你这又是什么？不许发，不写！"我环视一圈："要不就周五再发？"班长叹息一声："得了，你发吧，先写着……"

晚补结束后住宿生的自习也并无不同，任鹏飞抱怨着问我："怎么这么些数学作业？你说写是不写？""写！留了我就写！我热爱学习，学习使我感到快乐……"我的回答少有地果断，"何况明天我还得和班长她们对答案呢！那么有人愿意和我探讨一下这个导数吗？"见得半晌无人搭话，我径直起身："那我还是去隔壁理科班引进个人才吧……"

其实我的日子无非是这样：上课犯困，醒来就做其他科题；下课提前要作业提前写，并且撺掇其他人一起；挑感兴趣的作业和题多写写，拉着同学探讨学术问题什么的。可以说我把绝大多数时间投入了学习，正是这样高强度的学习，在考前将我的成绩推到了前所未有的高度，却也在后期遮蔽了我的眼，让我忘记了真正需要的及时查漏补缺。待得霓裳羽衣惊破，却是日已尽矣……

成也萧何，败也萧何。成败难定，萧何功过。但是我并不后悔这句口头禅"我热爱学习，学习使我感到快乐"。诚然，我享受攻坚克难最终成功的成就，也享受考试时遥遥领先的荣誉，但我最怀念的还是曾经那种不计成本地投入，单纯地拼搏，使潜力得到最大开发的充实。也有人奉劝过我时间投入边际效益递减，全投入学习是很蠢的。可是人这一辈子总得做那么几件蠢事吧？确实我的固执或多或少地影响了周围的人。感谢学校创造了良好的学习氛围，老师和同学们也给予了理解和最大限度的宽容，我这个无可救药的蠢人实在是感激不尽……很荣幸我能在燕附度过这奋斗的青春。化用句歌词：这高三毕竟我真正走过，一路上九百功九千错。对燕附，我有九九八十一种不舍！

# 在燕附成长

北师大燕化附中 2017 届应届毕业生 对外经济贸易大学 杨嘉旭

时间过得飞快，曾经那个刚刚步入高中生活，懵懂无知的少年，现在已经进入大学的象牙塔，在知识的海洋里翱翔，向着更加明确的未来迈进了。回首过去我在燕化附中的三年高中生活，难忘而且美好。我在这里闯过了高考的"独木桥"，收获了奋斗和成长的喜悦。我在北燕成长，在这里写下了我的青春和梦想。在此感谢我的母校，感谢我的老师，让我捧上了沉甸甸的录取通知书，走向一片更加开阔的天地。

我是 2014 年进入燕化附中开始我的高中生活的。犹记得高中报道那天，校门口拉起长长的红色横幅——欢迎新同学。我站在校园门口，看着眼前陌生的环境，心里既紧张又激动。激动于踏入高中生活，接触新事物和新知识，又紧张于未来的不确定性。带着这种复杂的心情，我度过了分班考试、入学教育和军训，这一个月的短暂时光。紧接着就是高一的正式上课。在高一这一年，我收获了许多，体验了高中课程的丰富性，体验了高中生活的自主性，同时感受到高中知识的不断加深和学习难度的不断提升。所以为了我的成绩，那时候的我真的很努力，不管以后选择文科还是理科，每一节课我都十分用心地学习（这也为我后来文科学习生涯打下了坚实基础）。记得每周四下午都有自由活动时间，我基本很少休息，都是埋头于书本的。到了学期末，我理所应当地进入年级前列，并一直保持下去。

到了高一末尾，我开始发愁分班的问题。我本身不偏科（这也算是一个优点吧），也没有对某一科有着极大偏向性的兴趣，所以我陷入了迷茫，因为当时觉得这也算是一次命运的抉择吧。感谢我的老师们，对我的学习进行了系统化的分析，给了我许多建议，助我走出迷茫。现在我还能记得年级主任方主任和历史曲老师牺牲休息时间，把我叫到办公室面谈的情景，也记得班主任朱老师在我有学习文科意向时纵然有千般不舍，还是给予我温暖和鼓励的话语，还有各位任课老师的关心和爱护。总之，我的分班问题圆满解决，最终进入文科实验班学习。直到现在，我都觉得我在那段迷茫期做出了十分正确的选择。

进入高二，可能是学习劲头随着时间的流逝而消磨，抑或经过大半年会考复习缺少新知识打压，我的学习成绩呈现倒退的趋势，每天也没有学习动力。班主任曲老师敏锐地发现了我的问题，对我进行了疏导和教育，让我在高二末期果断纠正自己，反思自己，重新拾起自己的努力和拼搏。

到了高三，是最终的决战时刻了。那一段时间同学们也都鼓足干劲，争取最终的冲刺。看着高考倒计时一天一天减少，我的心中有了些许焦虑。我更加努力地学习，学习的针对性也更加明显。我的文综在这几科中处于相对较弱的水平，有好几次考试甚至答不完题目。所以我把学习方向转向文综，先夯实基础，把基础性的知识点全部记熟，再有针对性地进行题目训练，从中归纳出答题模板和技巧，同时摘录和总结参考答案中比较好的答题语言。最终高考文综我达到了年级第三名的水平。不光是自己的努力，老师们的默默付出更是令我感动。一直陪伴在我们左右的班主任曲老师，身体不好却依旧坚持代课的地理张革老师，奔波于市里和郊区的数学王英老师，每天为我们倾心搜集学习资料和素材的语文穆兰老师和英语彭秀娟老师，身兼其他职位却依旧默默付出的政治刘江波老师。有他们的陪伴，我的高中生活更加充实且美好。

结业式那天，我感慨万千。在北师大燕化附中的三年高中生活即将结束，我的高中成长历程即将画上圆满的句号。这三年，我收获了许多，收获了学业上的成功，也收获了心智上的成熟。在这里，有许多话想对我未来的学弟学妹说，不要害怕学习道路上的坎坷与艰辛，始终坚信有人在身后默默地陪伴你，然后鼓足勇气，擦干眼泪，奋勇向前，总有一天燕化附中会因为有你们而自豪！

# 在燕附的那三年

🖊 北师大燕化附中 2017 届应届毕业生 中国人民大学 姚思妤

走出高考考场的那一瞬间，我平静得出乎意料，如同窗外那泛着青白的天空与水泥地。除了劫后余生隐藏不住的喜悦之外，还有被清晰地告知在成长这条路上某一阶段结束的哀伤。这些感受无一不是平淡而深的。在近五个月后回头看，在北燕的这三年确确实实是珍贵不可替代的经历。

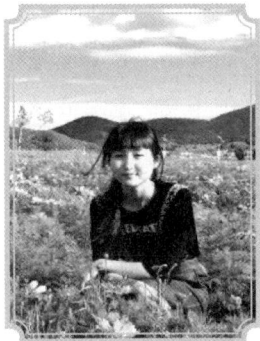

## 回家的地标

你知道在大巴车上歌也唱不停，在夜空下锅庄舞也跳不够，整整三年时间被一群人朝夕陪伴的温柔吗？我们在篮球场上、自习室里、宿舍桌前相聚，在春的清晨、冬的午后、秋的傍晚相聚。一千多个日夜，那一句起初让人有些难为情的"我们都是一家人"渐渐成了我们心中不言自明的共识。在这里我学习单纯。分享快乐与善意哪需要那么多理由，打开心门对待身边人哪需要那么多顾及？还记得当宿舍只剩我一人时，十七出现在冬天的太阳里，抱着她初中时候的相册给我讲述她看过的风景。高考开始的那个清晨，每一扇宿舍门上都贴满了学弟学妹亲手写的祝福，109 的门前甚至画着我们三人的卡通头像，背着翅膀在向天空飞翔。还有一趟趟穿过柳絮纷飞的春天，奔波在宿舍、办公室、医院各个地点的，和我们闹成一团，又护犊到有点"嚣张"的姜妈；默默为我们的申请生活学习福利而总是在做文案的李主任；球技一流，温柔可爱的藏文老师……碧海晴空，不论燕儿们将飞往何方，有你们就有家的地标。

## 前进的路上有你陪伴我不觉孤单

很幸运在这三年结识了一群个性而率真的北京大妞小伙子们。第一次知道京腔中墩布是拖把的搞笑，第一次上台展示 PPT 的紧张，第一次面临高考的焦虑……都有你们陪伴在我身边。刚走进北燕，我总会担心因为生活习惯不同、成绩差距太大等问题，和你们处不好关系。但一切都从高一某个洒满暖金色阳光的黄昏开始改变，班长纤细白皙的手臂环住坐在操场上发呆的我，她高高束起的长发因微风浅浅扬起。蹲在旁边的她轻挑眉头，问我是不是想家了。我有点发怔，摇了摇头，不知道怎么解释。她若有所思地点点头，正如来时一样难以察觉地，又回到了朋友中间。回过神，咸鸭蛋一般的太阳又往下落了些，我竟觉得早秋的晚风无比温暖——曾和舍友讨论起在北京生活与南方的不同，她说："就比如当你走在路上，心里是坦坦荡荡，不会感到孤单的。"我借来描述北京朋友们带给我的率真的温暖最好不过。到高考前最难熬的那段日子，冬夜里，有把从家里拎来的冒着热气的饺子塞进我嘴里的死党；元宵节，有带着两保温盒汤圆陪我过节的班长；还有课堂上让人捧腹不已的师生斗法和晴空下忙里偷闲的遛弯赏花……无比庆幸，因为这群可爱的伙伴，我的高中时光不只是严酷高考的阶下囚，他们留给我最温柔快乐的学生时代的记忆。

## 那些令人敬爱的老师们与我对自身的探索

学业、生活、人际交往……这三年中，我们在各个领域持续不断地学习与发展，但在这里提及的，是对我而言极其重要的"自我探索"。现在想来，正在渐渐适应社会规则、承担起成人的责任的我，常常要感谢那颗在高中时播下的性灵种子的提醒，不让横行的物欲损害本真的内心，并试着让内在的我开花结果——作一个独立的个体，践行着自己的原则。

长期住校生活给我提供了极大的自由度。更重要的是，我无比幸运地遇到一群极为负责、教学有方的老师。他们扮演了引路人的角色。没有汤老师的语文课，我不可能那样理直气壮且不停地阅读写作，感知思索。他们也是站在麦田边缘的守望者。不论是一次次为我的精神状况担忧，与我在办公室约谈的曲老师，还是不厌其烦地督促我加快古文背默进度的穆老师，都极有力地守护着我，让我免遭太大的现实及学业上的打击，着实幸运。对亲爱的老师们的感激实在一言难尽，只希望未来的学弟学妹如果有机会让这些老师们带课，一定好好珍惜。

厚厚的两本读书笔记里藏着我独一无二的精神世界。在这里我无拘无束地与作者、主人公、老师与我自己进行交流。我向往梭罗在《瓦尔登湖》中创造的朴素和谐的生活，也被海明威笔下勇敢倔强的永远战斗着的老人深深折服……这些思索与体会不断交融碰撞，丰富和塑造着我眼中的世界，最终指向一点点变得清晰的我的内心的追求。性灵的种子就在这不断强化的自我意识中诞生了，让我有可能独立勇敢地生活，践行自己的原则，而非轻易在现实中迷乱，人云亦云，随波逐流。

　　三年时光如白驹过隙，尽在一晃之间。那最好的时光里，我们把欢笑与泪水一起品尝，渴望着、迷茫着、咬紧牙关一刻也不停歇地追逐着，那经历的一切梦与现实的总和，回想起来都是独一无二的"少年的故事"。

# 燕附学习小忆

北师大燕化附中 2017 届应届毕业生 北京工业大学 张济康

三年前的那个盛夏，我坐在班里，望着几十个陌生人，犹如一只困兽，心里好生不安。一个身着一件白色 T 恤、蓝色牛仔裤，脚踏一双高跟凉鞋，腕带一块精致女表的老师进来说道："同学们，我是你们班主任……"

就这样，我的高中生活，开始了。

我发现这个班里的人都挺有"病"的，不是"娘里娘气"的，就是"彪形大汉"，没有一个正常点的吗？班主任曲秀苹曲老师，站在讲台上都没我高。哎，燕附，凑合着上吧。

转眼秋至，高一上半学期真的好难熬，啥啥也不会，期中成绩果然糟糕，70 多名，在班里排到中游。因为我很淘气，成绩也不优秀，自然成为老师的重点整治对象。一天早晨，我大概在 7：08 到了班里，被曲老师拦了下来。我解释道："还没有 7：10，没迟到呢！"然而她不理我，和同学说了会儿话后白了我一眼，说道："看看几点了，嗯？"她把腕间那块精致女表在我面前晃了晃。我一看，七点一刻了！岂有此理！明明耽误我的时间了。我说："老师，您这表快啊！"她又没理我，之后回过神说："你看看班里的表，也七点一刻了吧？"我的天，这是什么操作！我无力地站在门口，申诉失败换来的是一顿批评。太欺负人了！这明显是对我的镇压与歧视。我心想，肯定是因为我成绩差还老是捣蛋，我必须得让老师服我！

怎么服我？在学校就得拿成绩说话。听说这次期中有个杨邦东，考了 700 分，比我高一百多分。我要是有他的成绩，就故意迟到，然后跟老师说昨天学习到太晚了。

于是，我终于步入学习的正轨。学习这东西，说得好听，好好学习天天向上，

其实太抽象，关键在于你怎么学习。

　　我现在朦胧地记得，因为数理化史地这五门科目差别最大，我决定从它们入手。除了上课认真听讲以外，自己的预习、复习也相当关键。每天都给自己制定学习计划，根据自己的掌握情况，科学合理地分配每科学习的时间。当然了，学习固然重要，适当的放松也必不可少。我突然发现，和那些一开始看着极不顺眼的家伙一块玩的感觉还不错。运动会的时候，那么多人到 200 米起点给我加油鼓劲，还有人到终点给我拿了衣服御寒，就连班主任也拿着她的三星给我录像！趣味运动会的时候，大家一块跳大绳、玩实心球接力，齐心配合，为了我们三班的荣誉，流汗拼搏。和他们在一起，感觉充满了力量，都是好兄弟！

　　转眼期末，努力了半个学期，盼望收获。嘿，果然，苦心人天不负！物理、化学，历史、地理，文理双杀！拿了个第四，有了一定长进，能过个好年喽！重点是，曲某某是不是得服我了？不行，还得努力！

　　高一努力了小一年奠定了一些基础，为我高二分班进重点做了铺垫。

　　没有任何一种力量能阻挡时间的推进，当穿着绿标校服的高一新生入校后，我明白左胸口的蓝标即将退役。明年初夏我们再不会看着校门口大红榜指指点点，转眼已成戏中人。

　　在我很小的时候，母亲就跟我讲，吃得苦中苦，方为人上人。我只能简单地理解字面意思，却从没深刻体会，直到上了高三。我们陷入复习、考试、讲题、再复习的死循环之中，虽说北京是温带季风性气候，却远比不上首尔和东京温暖，这里的冬天实在太冷了，起床的难度堪比高等数学。每天早七晚九的课程，让我们不堪重负，还有成套的作业更是雪上加霜。如果你想成为母亲口中的人上人，那这还不够，这只能保证你不被落下。董必武先生有言："逆水行舟用力撑。"想在困难中前进，一定得比常人付出更多的努力。文 A 这个班级是一股湍流，高手云集（当然我不是其中之一），他们可以用一个中午做完一周的数学作业；用一个晚自习做完两个单元的政治试卷；用 40 分钟做完一套高考英语试卷（除去作文）。在他们之中如果你不学习，你会有一种负罪感与不安。有时候问杨邦东一道题，他会说："我已经交了，我现在做的是下周的，我帮你看一下吧。"瞬间石化，心灰意冷过后，又浑身充满了力量，继续奋斗在一线。

　　学习的进步离不开各位老师的付出：

　　穆兰老师，在我眼里是最美最年轻的。她永远都那么温柔，虽说对我发过两次让我刻骨铭心的火，那也是我真的欠骂。她帮我改正了一些不足之处。每一次去找她，她都无私地给我们讲解。

我最心疼的是英语老师。虽说就带了我一年，而且我的英语成绩也不是很出色，但她从没将我和那些考140多分的同学差别对待。她每次都是耐心地给我讲错题，将我做单选的正确率从50%提升到90%以上。她对我们的学习提出合理化建议，喜欢提前来班里和我们聊一聊。还记得那次她让我帮忙搬一些东西，我比给女神搬还高兴。

数学老师是一个很逗的人，说话时偶尔带着东北碴子味儿。她最大的特长是：把一个很复杂的事给你讲得浅显易懂。这是每个老师想学会的技能。在这里，我正面夸奖我的数学老师，她做到了！

我的政治老师是个领导。哈哈，他讲的东西课本上没有，他说的例子不是在逗闷子，他背书可能还不如我，但他运用的能力比我强太多了，这是我不得不服气的。他能让那些死知识活起来，并且得到分。听懂他的课得分就如同探囊取物。他在生活中是个"活泼大男孩"，热爱生活，爱摄影，爱登山，爱和同学聚会！

我的地理老师真的是超级慈爱了，可能是太温柔，上课真的要竖起耳朵来听。她主张让我们自主学习，这对于自律性强的同学简直是福利……她的耳朵在春节之后就不太好，还坚持送我们上了高考考场，张济康在这给您致敬！

最后我要介绍我的班主任，前面说的曲秀苹老师，哈哈哈哈哈哈。提起她我真的是，如果把想说的话及我们之间的故事都写下来，恐怕几天几夜也说不完。索性简简单单好了，我一开始恨她，后来无感，再后来渐渐地喜欢上她，现在呢？我好想她！

# 从逆境走向辉煌

✎ 北师大燕化附中 2017 届应届毕业生 北京理工大学 袁权

由于中考失利，我以两分的差距失去了高一直接进入母校科技班的机会，只好无奈地参加了高一报到时的入学考试。出乎意料的是，我以平行班中并列第一名的成绩进入了实验班二班，从此开启了逆袭的高中生活。

高一军训时的情景我至今记忆犹新。在这一段时间里，我们中大多数人第一次体验到了宿舍生活，也第一次进入了军营。当教官们唱起军歌时，我们不禁热泪盈眶。就在这防化学院的军营里，我们深切感受到中国军人那刚柔并济的情怀。在分列式完成后的当天中午，我们挥手告别了朝夕相伴两个多星期的教官们。当回程的巴士缓缓开动之时，我们纷纷回望向我们挥手阔别的教官，眼中充满了不舍与敬意。

高一的生活是相对轻松的，也就是在这一年，我遇到了一群意气相投的好朋友、好伙伴。我们一同参与组建物理社团、化学社团，策划并实施实验，分享实验成果。我至今记得我们一群人做完粗钛提纯试验后冲洗并分配钛块时的情景，实验虽然并不很成功，但每个人都露出了愉快与满足的笑容。毕竟结果并不那么重要，真正重要的是在这个过程中我们所收获的知识、友谊与快乐。

在班里活跃气氛的影响下，我从一个相对内向的人变得越来越开朗活泼。在几个爱打羽毛球的同学的引导下，我也逐渐从一个重文轻武的"书生"转变为一个羽毛球爱好者。每周末，打一次羽毛球往往是必不可少的一项活动。

高一的一年过得轻松而又充实。期末考试后，我有幸成为挺进一班的、为数不多的几人中的一员，正式开启了高中学业上的辉煌。有了高一一年的积淀，高二一年我铆足力气，采用了一套适合自己的学习方法，把成绩提升到了新的高度。

相较于高一，高二一整年中多了一项重要的考试——会考。会考相当于高中的毕业考试，因此我将精力集中到每学期的会考科目上。当然，理科的学习依旧是重点。化学一直以来是我的强项学科，我也很喜欢地理和历史，只是因为选择了理科，所以把主要精力放在了化学上。我的物理成绩是从高二时开始提高的，因为我遇到了一位能力超群又放荡不羁的物理老师。他课上风趣又不失准确的语言勾起了我对这门学科浓浓的兴趣，而他极具挑战性的课堂练习，也使我在物理上的实力突飞猛进。

高二的一年在不知不觉中过去，转眼我们就进入了异常忙碌的高三生活。我坚持效率第一的原则，尽力用较少的时间取得较好的学习效果，以避免在各科压力面前疲于奔命。这样的学习策略取得了很好的效果。如今坐在北理工的宿舍中，我可以自豪地说，我的高中时光没有虚度，高中三年对我的成长起到了扭转乾坤的作用！

在此，我期盼母校的学弟学妹：长江后浪推前浪，一代更比一代强。我也祝愿母校越来越好！

# 枕边惊觉起　岁月忽已晚

✎ 北师大燕化附中 2017 届应届毕业生　中国农业大学　韩泽阳

　　——请跳舞！不停地跳舞！不要考虑为什么
跳……要是考虑这个脚步势必停下来。

　　大学开学之后，我的作息时间常常失控，班长、
志愿总队、校团委，任务堆在一起，免不了忙个不停，
已有三个星期没回燕山看看。

　　"十一"前因为母校运动会抽身回去，见到了班主
任朱老师。得知他和英语刘老师、数学赵老师一起下
到高一教书，不禁替学弟学妹们庆幸，能够遇到这群
热情负责又风格迥异的老师，他们的学业及个人成长便有了基本的保障。听朱老
师讲讲他的故事，和刘老师聊聊八卦，同赵老师分享生活学习的困难，每一位老
师都为学生尽心尽力地提供着帮助。如果让我评论燕附于我而言是什么，第一，
它是我的"舒适区"，是需要好好享受的环境；其次，它是我的跳板，让我在其
中能不断地磨炼自己，奔向更高的平台。

　　高中我担任了三年班长，这使得我能更直接地去听班主任的教诲，更客观地
目睹老师对同学们的关心、对同学们心理状态的体察。一直倡导和而不同的我心
满意足地见证了我期望的和谐局面——同班同学发展着不同兴趣面，同校学生对
未来有着不同选择。无论是翱翔计划、辩论赛、奥赛、模联，还是小到班级组织
的活动，每一项都在影响着十五岁至成年的我们。

　　回想起来这些都是"少年的故事"。

　　我难忘高一时对自己的未知未来满怀期待的心情，在此引用《海边的卡夫卡》
中村上的话："少年还是'可变'的存在，他们的灵魂仍处于绵软状态而未固定
于一个方向，他们身上类似价值观和生活方式那样的因素尚未牢固确立。然而他
们的身体正以迅猛的速度趋向成熟，他们的精神在无边的荒野中摸索自由、困惑

和犹豫。我想把如此摇摆、蜕变的灵魂细致入微地描绘在 fiction（小说）这一容器之中，借此展现一个人的精神究竟将在怎样的故事性中聚敛成形、由怎样的波涛将其冲往怎样的地带。"

我所说的高中是我的"舒适区"，并非指它是燕附学子可以为所欲为的空间。你首先需要完成一个学生最基本的任务，课上听讲，课下作业；你不必报补习班，不必担心学业被落下，老师已经帮你安排好学习进度。在燕附，在你最重要的岁月里，你的精神需要探索，你的意识需要成型，你需要读书，需要同老师分享，需要找到自己的方向。这才是属于你的成长。你会因此独一无二，因此坚不可摧。而引导你的老师、书籍，会成为保护你的壁垒，在你离开燕附，去面对未知世界时，这壁垒会愈加坚固地护住你心中最柔软的部分，保存你恒久的梦想。

离开燕附后，我最常梦到的是汤老师的语文课。从高一读《撒哈拉的故事》体会异地漂泊的自由，高二一遍遍读《麦田里的守望者》确定自己想要守护的东西，再到高三回到《红楼梦》，"秋爽斋偶结海棠社，蘅芜苑夜拟菊花题"。如今每每夜半惊醒，宿舍漆黑一片，没有铺满高中宿舍的月光，也没有欣赏大观园无忧生活的闲暇时间，只剩下时间的齿轮逼迫着自己去完成的工作，剩下与"一年三百六十日，风刀霜剑严相逼"同样的凄凉。

仅仅步入大学一个多月，我便理解了为什么当年学长学姐说想回高中歇歇——在大学每个人的精神必须独立，而强迫自己独立的力量是高中时迫切需要找到的。只有在高中才能用大量的时间找寻到想要守护的东西，能清楚如何将它包裹起来，为今后漫长煎熬的道路指明方向。

如今我常常感叹岁月已晚。每每在枕边醒来，小心地审视着那些被我珍重的东西时，总觉得高中实在短暂，我还是没能多保存些纯真与赤诚，才会在现在害怕被社会的规则刻画成别的样子。

如果你迷茫，也无心体会我现在的感受，那么请跳舞！不停地跳舞！不要考虑为什么跳，不要考虑意义不意义，意义那玩意儿本来就没有的，要是考虑这个脚步势必停下来。

请在三年后能自信地面对未来冗长的路。

# 在燕附多彩的高三学习生活

✎ 北师大燕化附中 2018 届应届毕业生 首都师范大学 杜霖

在我写下这些文字的时候已经是高考结束后的第三天了。高三的往事历历在目，升入高三恍如昨日。为什么只写高三呢？因为高三这一年我觉得是最充实，最紧张，也是最多姿多彩的一年，承载了我许许多多的回忆。尽管高一、高二也非常有趣，业余活动较多，学业任务较轻，但是相对于高三似乎还是逊色一些。

首先说一说占据了高三大部分时间的学习生活。从高二的时候老师就屡次讲到和高三的学业相比高二的只是九牛一毛，高二还有书本的学习，高三就全是卷子、卷子、卷子，考试、考试、考试了。高二的我们不禁对高三有一丝畏惧。事实也确实如此，很快结束了第一轮复习，剩下的只有无穷无尽的巩固练习、课堂小测、查漏补缺。高考后整理卷子竟然用了两个编织袋，笔芯也是用了一盒又一盒，可以说是真正地遨游在题海中了。不过，我不是一个人面对这些枯燥的卷子，我还有同学、家长、老师。

我的高三生活是绝对离不开这三者的。首先说同学。同学的陪伴贯穿了我 12 年的学习生涯，尤其高三尤为重要。27 个同学和 6 个老师组成了我的班级，上课的时候总是有两个同学的回答或者动作可以成为全班同学的笑点，让紧张的课堂活跃起来；下课的时候几个被张老师称为"大嗓门"同学又在班里吵闹，而男生也会照旧地坐在班外的窗台上闲聊。我们这些人总是能在枯燥的高三生活中苦中作乐，而且玩的游戏也越来越幼稚，一个纸飞机，一个纸做的吹箭筒都能让我们玩上一整个课间。老师看到我们这些幼稚的行为，常常不知道说什么好。我们甚至以做俯卧撑为乐趣，张老师也经常拿这个来说事。

除此之外，作为一个男生来讲，篮球这项运动绝对是高三必不可少的调剂。

每每打篮球前的喜悦，打篮球时的激烈对抗，打完篮球的酣畅淋漓都能让我们开心好久。但是这里非常重要的一件事就是要保护好自己不受伤。无论打篮球、踢足球，还是其他运动，身体一定是最重要的。你也不想拄着拐去参加高考，甚至右手骨折导致无法握笔而留下遗憾吧。为了打篮球可是发生了不少有意思的事情，其中一件就是智取体育课。在体育会考之后，体育课被占掉了（但是也有幸运的时候）。爱好打篮球的我们自然不能接受，在学校没有安排课程的时候，千方百计地去保护这一节珍惜的体育课。张老师也非常体谅我们，能让我们上就让了，剩下的同学就在班里自习。这可谓是除了假期，高三为数不多的盼头。

同学之间的互相竞争也是一个对学习非常有帮助的活动。我们几个同学之间经常比拼考试成绩，并以请吃饭为赌约，张老师也总在旁边"煽风点火"。在这样的竞争下，我们每个同学动力满满，每次考试都尽自己的最大努力。当然，如果考试失利同学也会过来安慰、鼓励我。这就是同学的陪伴，就是同学之间的情谊。

说完同学来说说老师。在这里要感谢我的六位老师，语文李老师、数学周老师、英语肖老师、物理杨老师、化学张老师、生物姚老师。这六位老师在我高三的学习生活中给予了很大帮助。语文李老师传授的阅读方法让我答高考阅读题时受益匪浅，肖老师虽然平时严厉但是考前的勉励提升了我的自信。理科四位老师帮助我找到了属于我的做题节奏，让我得以在考试中不慌不乱、稳稳地答题。

但是他们也是非常辛苦的。我们每天埋头奋斗在题海之中，老师们需要时刻陪伴在我们身边。同时，他们要掌握每个同学的学习情况，对个别同学会有个别的措施，除此之外还要时刻解答我们的问题。这其中数学周老师留给我的印象最深刻，她也是我高中最喜欢的老师。周老师已经 54 岁，明年就要退休了。她患有颈椎病，在高三上半学期因为犯病请了 3 天假，稍有好转后立刻赶过来上课，丝毫不敢怠慢。这之后，一直到高考前她都处于亚健康状态，时不时感冒难受，时不时会头疼。尽管如此，她还是尽可能地进行中午的答疑，只有在坚持不住的时候才会去休息，可谓是相当敬业了。

总之，高三生活结束了，它带着我们的汗水，带着我们的泪水，带着我们的痛苦、快乐及回忆，还有 4 张卷子离我们而去，但也永远埋藏在我们心中。高中三年承载了太多太多，这里我只是简单地说了下高三，学弟学妹们也不要畏惧高三，实际上没有你们想象得那么可怕。努力学习，一定不要过一个会让自己以后回首感到后悔的高三，希望你们可以考上自己理想的大学！

# 成长在燕附

✎ 北师大燕化附中 2018 届应届毕业生 首都经济贸易大学 杜鑫宇

在燕附的高中三年生活转瞬即逝。高一时我们抱怨想快点结束高中生活，但当这一天真的来临，却又不舍了起来。前辈们都说，高中生活是最令人怀念的，现在我也真切感受到这一说法的原因。

高一刚来到一班时，有很多同学都是我的初中同学，我们很快就融在一起。从那时起就知道，我在的这个班是一个没有什么矛盾、大家都很团结、每个人也都很有趣的班级。高一的课程很丰富，学习也没那么紧张。在语文课上，老师经常出一些题目让大家辩论。同学们各执己见，争论得也头头是道，那个场景历历在目。高一还有特色课让我们选择，我所选择的装饰画课堂动手性很强，老师也很温柔。我们能设计自己的鞋子、衣服、包等，是很有收获性的课堂。高一我认识了很多好朋友，我们不仅是同学，更是好闺蜜，在学习、生活上都很聊得来。

高二，学习紧张了些，但是愉悦的班级气氛一点都没有消退，时间过得很快，也很欢乐。我们一起参加篮球赛、运动会等活动，并拿到优异的成绩。这种集体荣誉也让我们为自己骄傲。高二后半学期，我报名参加了学校组织的厦门游学活动。这一次跟同学们一起出游十分难忘，连坐长途火车也没感觉疲惫。几天的游玩，跟同学们相处得更加融洽。一起玩，一起走，回去一起看电视，这样的经历在我们的高中三年是不可磨灭的记忆。

到了高三，学习强度一下子就上来了。每天晚自习时间加长，平时活动时间要学习，放假的时候也要学习。这种苦是煎熬且充实的，在这种生活下时间过得很快，高考倒计时的数字不经意间就少去了几十天。尽管高三时间非常紧张，学校还是给我们举办了成人礼，让我们懂得了更多，要感恩父母老师，要为自己负责。成人礼的结束意味着距离高考还有不到三个月的时间了，一模二模陆续到来，做各城区卷子是我们的日常。在抱怨与忙碌中，高考如期而至。

　　三年磨一剑，最后考完，我们都说着"解放了"，深夜却又都难以入眠，早上也被六点的生物钟叫醒。从整日忙碌到无可忙碌，那种心理落差令人难受。慢慢地，我们习惯如此，只是难以忘记高中三年的生活，每每回忆起。这便是青春。

# 在北燕成长的三年

✎ 北师大燕化附中 2018 届藏族应届毕业生　对外经济贸易大学　李浩轩

成长是什么？我认为成长是一粒种子，不断汲取养分后，绽放成一株美丽的花朵。

——题记

高中三年就像是一场梦，是一场冗杂而又短暂的梦，岁月将它分成两份，一份色彩纷呈，一份黑白交加。那些形形色色的人和事增添了梦的色彩，正当我们意识到这色彩纷呈时，梦醒了，高中也结束了。

在北燕的三年，是我人生最亮丽的三年。我从懵懂无知的少年成长为成熟稳重的青年。在这里，我收获到了很多很多……

15 岁的少年来到一个陌生的城市、陌生的环境，看着同学们热络地聊天，我插不上嘴，心里未免有些失落和紧张，同时又有些希冀和盼望。后来同学们主动找我聊天，主动给我介绍学校里的情况。我仿佛一下子就打开了自我，从腼腆害羞变得热情开朗，从小心翼翼变得落落大方。我们在教室里一起学习，一起挑灯夜战；我们在操场上一起奔跑，一起征战球场；我们在走廊里一起说笑，一起谈天论地。我很幸运，这最美好的三年跟同学们一起度过。哪怕我们相隔千里，但是空间和时间却不会磨灭我们的情谊。感谢上苍，浮生遇见了彼此。

如果说这三年的时光是一幅画卷，那么老师便是画笔，是他们将我的人生画卷变得绚丽多彩。忘不了张老师"叨叨"地跟我们讲着化学原理；忘不了李老师一遍又一遍地让我们反复默写；忘不了周老师认真负责地让我们去办公室改错；忘不了肖老师苦口婆心地让我们再做一套英语阅读；忘不了杨老师满脸微笑地跟我们一起总结物理方法；忘不了姚老师经常画的遗传图解和他心心念念的大白兔奶糖；忘不了姜妈乐呵呵地喊着我们"宝贝儿"；忘不了李主任费尽心思地帮我们解决各种难题。这些熟得不能再熟悉的场景仿佛就在昨天，仿佛就在眼前。有句话说得好："师者，所以传道授业解惑也。"这些可爱的老师不仅教会了我学术上的知识，更教会了我人生中的百般道理。与其说他们是我们的老师，更不如说是我们的人生导师！

接下来不得不说一下我们学校引以为傲的各种活动了。这里有奇幻有趣的化学实验，让我们增加了对化学学科的兴趣；这里有齐鲁游学，让我了解到了儒家的文化和思想；这里有中关村游学，让我体验到了科技的力量；还有很多大型励志活动和成人礼，让我增加了舞台经验和主持能力。

在北燕的三年，是我成长的三年，是我收获的三年。感谢这三年来老师和同学对我的关心和照顾，感谢学校对我的大力栽培。以后的日子里，我定将努力学习，反哺学校，为校争光！

风会记得花的香，正如我会记得你们一样！

# 成长在燕附

✎ 北师大燕化附中 2018 届应届毕业生 首都师范大学 李毅然

有什么事情能彻底改变一个人呢？亲人的离去、朋友的背叛、感情的破裂……

在燕附的这三年彻彻底底改变了我，不知道是否算是成长。

高一刚入学，对反叛精神的着迷和对青春的追求蒙蔽了我的双眼。我明目张胆地无视班主任张爱平老师的阻止和学校校规校纪的限制，坚持着内心的渴求和不羁——和一个女生存有恋爱关系。这可能是我这三年最后悔的事情了吧。就因为这件事情，我和张老师吵过架，我的家长也因此来学校接受教育，但我照行不误。不仅如此，我还在各种方面和张老师对着干：在衣服上写字画画、生气摔门、旷课……哈哈哈哈，真是孩子气，边打字就边笑，真是小孩子干的事情。我以全校第 16 的名次进入燕化附中，在高一这一年由于这些鸡毛蒜皮的事儿（当时可不这么认为）一度掉到几十名。上课时不时睡个小觉，下课去谈个朋友，放学了回宿舍打个游戏。或许是近几年最放荡的一段时间了。为此我付出了很多代价，不过那段时间，还是挺高兴的。

就那样混了一年，到了高二一切有了翻天覆地的变化。变化的原因很简单——我和那个女生决裂了。那个寒假之后，一切都不一样了。高一的时候我不和班里的人过多地说话，因为没什么机会也没什么必要。高二下半学期，我需要些朋友来填充我的空白时间。那时候哪知道整天学习呢，从早到晚地学习那是高三的事情啦。于是我就有了为数不多的几个好朋友。尽管有些人在毕业之后没了联系，但他们曾经起到很大的作用，帮我度过了那段尴尬而无聊的时光。我的学习成绩慢慢追了回来，时不时进个年级前十五。同时，没人再说我不爱说话，不爱交朋友。我和张老师的关系也慢慢转好了——至少我当时是这样觉得的。

由于一次考试的溃败，我留在了一班。我心里其实很高兴——A班太累，还没有说得上话的人。我开始了奇幻而稍显悲哀的高三生活。之所以奇幻，是因为我发现我竟然可以一天都在学习，尤其是一模之前那段时间，对自己的不确定和前途的迷茫都化成学习的催化剂，很认真地在写、学。从小就是个散漫孩子的我觉得那时候的我好厉害，可以全心全意地做一件很重要的事。总的来说，高三的结果我是有预见到的，毕竟没有真真正正地在努力，还是有一些懈怠，时不时和好朋友吵个架、闹个别扭，和某位家人的不愉快都多多少少地影响我的专注。但话说回来，正是这些让我更能记得住这次高三啊。说够了学习和生活，说说我这个人。在高三这一年我变得阴沉了不少。也许是累的，也许是不高兴，我说不清原因，也许是世事使然？的确，不知道从什么时候起，我又变回高一时的我了。不想说话，总是皱着眉，总是低着头，总是用很凶的样子看其他人。我知道那样子很不好，让我被别人疏远，慢慢变成一个人。但我改不过来，或许是高三"综合征"！但我怕我真的没了社交能力，到了大学会继续这样阴阴沉沉。然后，孤独终老？别，我还不敢想……

高三这一年让人成长很多。但是对我来说，我不知道自己是进步还是退步了。我变得不相信别人，尽量只依靠自己。或许这是好事，以后可以不被骗？

还有好多想说的啊！

张老师啊，对不起，我高一对您那么不尊重，那么不懂事。那时候真的是小孩子，太蠢了。您是个很棒的班主任呢，谢谢您一直都没放弃我，在高三还把我当好学生、好朋友。虽然我一直没学好化学，但相信我，绝对不是您教得不好，而是我自己不够努力。

肖老师啊，抱歉，我的英语成绩直到最后也没达到您的期望。等我几年，我来当您的徒弟，成为一名英语教师。谢谢您帮我确定了老师这条职业道路，谢谢您对我期望这么高。您比其他老师都看重我，没能完成咱们的目标，我真的很抱歉。

杨老师啊，您是我打心底敬佩的人。我特别想成为您这样的老师，和同学不发脾气，教得那么好，那么简单清楚。您总是笑脸盈盈的，什么问题都会，什么问题都能答得上来。朋友圈还那么有深度，您是我的偶像呢。

姚老师啊，做理综卷子时，我可都是先做生物后做化学的（我没有任何其他意思啊，张老师）。您简直把生物课讲得出神入化。从高二到高三，我的生物成绩进步最为显著。从将将及格到几乎七十分，您的功劳最大。

周老师啊，原谅我到现在也没去您办公室一次，我真的不喜欢人特别多的地方，我害怕面对那么多不熟悉的人。谢谢您在我都要放弃的时候还不放弃我，一直鼓励着我让我相信自己。真的谢谢您，我不爱说话，也许和您显得不那么亲，但我心里真的很喜欢您。听完了您的第一节课，我就在数学笔记本上面写下"我喜欢这个老师"这句话。

李老师啊，我放了您大概两万次鸽子吧，一直说交的作业我现在也没机会再交了。对语文提不起兴趣的我最后能得到这个分数我已经很满意了。希望您下届的学生没有我这么让您费心的，希望您的茶越沏越好喝，希望您能学会古筝，希望您能继续那么自信地展现歌喉。

我的朋友们啊，如果不介意请记下我的联系方式。我希望以后能有帮得上你们的地方，谢谢你们的陪伴，见证你们的成长和蜕变我也很幸运。

我最最要好的朋友啊，咱们可是还有赌约呢，看看谁的未来更美好、更幸福。我可是不会输给你的，但我希望这场赌注你能赢。

这些本该亲口和老师们、同学们说的话，我却开不了口。现在已经没机会再说了吧！

我高中三年，应该算是成长了吧！

# 燕附 为梦添翼

📝 北师大燕化附中 2018 届应届毕业生 武汉大学 刘娅子

**壹，决定。**来一场逐梦之旅，收获的不只是知识。对于一个总是窝在家里、不常出远门的安逸派来说，独自回京参加高考可谓一个大胆的决定。这意味着离开熟悉的一切，远涉万水千山，来到新环境，认识新朋友。这不仅是东南沿海到北纬三十九度的跨越，也是选修课本向必修知识的转换，更是性格与生活能力的嬗变。

**贰，选择。**不放弃任何一个让人生不那么苍白的机会。摆在面前的有两条路，要么乖乖留在深圳，按部就班；要么去北京，一改一成不变的日程，多学两册新课本，新奇与风险共存。在和爸妈、老师讨论许久后，我决定顺遂心意，飞向北京接受未知的挑战。

人生于世，无时无刻不面临着选择。有些选择微不足道，有些却足以确定人生的航向。面对重要选择，我的宗旨就是不让未来的自己后悔。后悔的往往不是因为自己做过什么，而是遗憾曾经放弃了做什么的机会。

**叁，取舍。**举得起放得下。选择是有代价的，有取必有舍，选择的同时也意味放弃。树林里分出两条路，不可能同时去涉足，一条向北一条向南，各有各的风景。既然我选择了向北，便不再挂念南边是下雨还是晴天，要做的就是努力将向北的路走得精彩。

**肆，启程。**意义非凡的日子。爸爸从深圳送我过来，陪了我两天，终究是要回去的。从酒店走到校门，即使走得再慢也还是到了。那天的场景记得尤其清晰。微明未明的晨光下，笑着在校门口告别。即使嘴角扯得僵硬，也用力去笑得灿烂，努力用无声的言语彰显"没事儿，我会照顾好自己，别担心"。我太激动以至于爸爸交代了什么可能也没进耳朵里，只记得心里不停默念"坚强，坚强"。

然后挥手，转身，湿了眼眶。大步跨进校园，望天傻笑，"啊，这将是我一个人的征程"！

**伍，独立。**承担起照顾自己、处理问题的责任。从前不管目的地在哪儿，只管跟紧爸妈的脚步；不管学习进度如何，乖乖写完老师发的作业便大功告成；遇到小麻烦，问问朋友们有没有类似的经验，照做就好。没办法，爸妈、老师、同学都太靠谱了，不自觉地想偷懒，把照顾自己的担子心安理得地交给信任的人。

久而久之，不但模糊了自己的需求，而且放弃了锻炼的机会。来燕附后我才算真正跨出了独立的第一步。自己找地址，看医生，坐火车，定学习计划……

独立的性格是很必要的。可以接受帮助，但自己也要有对策；可以不亲自处理，但不能没有处理问题的能力。手机上装个导航，制定一个针对性强的适合自己的学习计划，遇事多角度思考，独自解决问题。累是累了点，好在赢得了生活的主导权，感觉一切尽在掌握。

独立，是对自己负责，对生活与学习的发展趋势更有把握。

**陆，计划。**心态，多思多问。制定学习计划，不但有的放矢、针对性强，还可以起到追踪进度的作用。我的计划分两类。第一种是顶层设计，在大方向上进行引导。就是列出振奋人心的大目标，不至于在各种杂事的压迫下，疲于奔命，忘记初衷。第二种是详细计划。逐一列举每一天应该做的各项努力。

比如，我的大目标是确保物理实验题不丢分。那么为了达到这个大目标应该做的详细计划就是今天进行以往题目的归类，力、电、光。明天，总结方法规律，原理题、误差分析、图像题。每天一道题定时十分钟完成……

培养勇敢淡定的心态，快乐地学习。我认为对学科的兴趣，与花在上面的有效时间和心思成正比。

重视点滴的进步，宽容自己的错误（宽容不是放纵，而是要反思）。抓住过去的错误不放，早晚被压得喘不过气，陷入悲观的涵洞。有轻松的心态加上进步带来的成就感，会使思维更活跃，接受能力提升。一定要有追求进步的心，不能破罐破摔，问问自己到底有没有"一定要解决这道题"的决心？我相信人的潜力无穷，有必要告诉自己，这次错了的题，下次一定得对！然后在这种思想的引领下做分析，写总结。

多思多问，自己思考，能解决大部分问题，实在不行再问老师。提问前先在本子上列清楚自己的疑问，是思路问题还是作答格式……这样更有针对性并能节约老师的时间。

基础为先，查漏补缺，提升对考试的把握，心里有底才不会慌乱。上了高三，如果基础题有问题，概念不理解，当下一定要厚着脸皮去问老师。千万别害羞，拖得越久越麻烦。基础不扎实，做题时容易没思路，到时候想补救得多付出几倍的努力。不过这着实是对意志力的磨炼，也挺有好处。

今日长缨在手，必当缚住苍龙。拿出武侠片里大侠那种自信淡定的气度来，很多题目长得吓人，光列式联立就能列出十几条。考试时一紧张就放弃了，考完试后平静下来就发现很简单。因此在基础过关的情况下，考试考的就是心态，一定要冷静、淡定，端出谁与争锋的气度，正面迎接挑战。

**柒，幸运。** 从不吝啬以最大的善意回馈生活。一直都知道我很幸运，在高三这段离梦想最近的日子里，遇上了这么多棒棒的老师、同学、朋友。他们在我的学习和生活上给了我极大的帮助。

是朝夕相处，亦比肩前行。

有谆谆教诲，如醍醐灌顶。

出门在外，一壶清润梨汁，流淌家的温暖；独自应考，一句"相信你"，收获意料之外的感动。相逢即是缘分，更不用说是在高考复习阶段。互相照应、鼓励彼此的同学们，认真负责、牺牲自己宝贵休息时间坚守在办公室，为我们答疑解惑的老师们，每一位都有独特的风采，但各自身上的真诚与热情，却是共同的。他们一颦一笑，眉眼间流露出的亲切感，让人自然而然地生发出想要赶快融入这里的愿望。

高考壮行仪式，两列纵队在艳阳下站得笔直，通过拱门时与两旁的老师击掌拥抱，凝在耳边的尽是鼓励与祝福；身旁都是共赴考场的同窗才俊，一种"我辈岂是蓬蒿人"的自豪感油然而生。

几百日夜化作这一刹那自信的眼神，象征幸运的红绸带飘扬在手上也飞扬在心里。看着一件件签有全班姓名的校服，才发觉时间过得如此快……

时光流转，留下浓浓的不舍。得遇诸君于燕附，实乃吾之大幸！

祝福学弟学妹们，加油吧！相信自己，蟾宫折桂金榜上，笔走龙蛇必有君！

# 生活在燕化附中

📝 北师大燕化附中 2018 届应届毕业生 北京工业大学 鲁恺忻

　　高中三年眨眼间过去了，我现在已经是一个手拿毕业证书的毕业生了。这三年的高中生活充满了酸甜苦辣咸，充实快乐又温馨。

　　高一新生报到后，我被分在了二班。军训过后，班里的同学全都熟识了。每天下午五点放学，学业不是很重，在我的印象里十分轻松愉快，没有什么特别的事情发生。

　　上了高二，我被分在了一班，也就是石化科技班，在这个班级里生活了两年。一班和别的班的不同之处在于，周六上午上课，下午学生活动，更累一些。高二时，我的成绩大起大落，一直不稳定。一次期中考试，我考了60名。班主任张爱平老师特别准确地总结了我前半学期的学习情况："每次见到你，你都没在学习。"（张爱平老师是一个小个子却又大能量的老师，这体现在他的大嗓门。虽然他平时话很多，管得多，同学们有很多怨言，但是我们都挺喜欢他的。）这个总结让我记忆深刻，下半学期好好学成绩就上来了。

　　上了高三，晚上九点放学，周六补课一天，周日还要回校上晚自习。就是说每天都要上课，没有一天休息。这跟高一、高二的生活有了很大不同，刚开始是真的不适应，觉得特别累，休息不过来。我是那种喜欢在课间休息的学生，习惯把作业留到晚上，然后就写到很晚。后来我做出了一些让生物老师极其不满的事——上课写作业，被点名多次，但不知悔改。我的数学老师是一位快要退休但怀有童心的女老师。她可以和我们玩到一起，我们都觉得她很年轻，称她为姐姐。上高三以后，我成了物理课代表。物理老师是一个特别儒雅、有内涵的男老师，从来不生气，不大声说话。英语老师特别温柔，即使有同学不写作业，也只是用失望的眼神看着对方。但英语老师是我最害怕的老师了，就怕看见她失望的眼神。

语文老师是一位特别认真负责的老师。虽然同学们对她的认真有许多牢骚，但是她上最后一节课时唱的那首歌，唱哭了许多同学。

高三学业繁忙，手机会占用我们很大一部分时间，会让睡眠时间更少。所以合理安排时间很重要。我周一到周五不用手机，这样睡觉的时间多了，上课状态好了，学习效率就提高了。其实，如果控制好使用手机的时间，也可以每天放松一小会儿。高三的时间过得非常快，我经常和同学一起感慨："又到周五了，觉得昨天还是周一。"所以抓紧时间吧，这一年真的过得跟瀑布的流速一样快。高一、高二还没有时光飞逝的感觉，高三就真的非常强烈。

虽然高三很累，但是很充实，和同学一起过得很快乐。祝学弟学妹到高三时，也可以过得快乐充实。高三并不恐怖，它只是人生中的一个经历；一定要努力，过一个让自己满意的高三。

# 榴莲飘香十里馨

北师大燕化附中 2018 届应届毕业生 首都师范大学 任毅然

昔我往矣，杨柳依依，今我来思七月将至。早蝉初露头角，伴着那东升的朝阳在我的窗前滑过，宁和又安详。前几天一位阿姨送了我家一个榴莲。说到这榴莲，第一次尝试还是中考结束后去泰国旅行时，因着年少轻狂非要尝试一遍所有特产才肯罢休而买的。那股味道在我年少的记忆中留下了浓重的一笔。自那之后我便再也不吃榴莲，我妈妈却喜欢上了榴莲那独特的味道。面对家里时不时飘出的榴莲味道，我大多是避之而后快。

后来便开始了我高中的生活，开始了住校的日子。这对我来说算是一种福音和幸运吧，集体小生活，避开了妈妈的唠叨和满屋的榴莲馨香。高一的日子现在想来，像是在眼前蒙了一层绢纱一般，朦胧地记得，又好似什么都不记得。令我印象最深的恐怕就是参加了几场校园大型活动和校园剧的比赛了。应该说是很幸运吧，刚刚进入学校便竞选上体育部部长；又赶上三十年校庆，幸运地被选为石化科技班展示活动的主持人。这是我的主持人生涯首秀。我其实有些慢热，进入新环境后不爱与人交流，做事情又瞻前顾后，大概还是有些腼腆的。我特别紧张，主持人要说些什么呢？当我顺利完成任务后，心里松了一口气。如今想来，最应该感谢的是我班主任老师，给了我第一次展示自己的机会，让我在这三年黄金时期有了人生中最最难忘的经历，给日后的生活积攒了宝贵经验。这便是一个老师最可贵的地方，在潜移默化中教会学生如何做人、如何办事。这也是我的幸运之处。

随着时间的流逝，同学间变得渐渐熟稔起来，说话打闹更加地随心随性，少了那些疏离。于是乎榴莲的香气又回到了我的生活中。最先是宿舍。高一下学期一个周四下午，我洗完澡哼着歌回到宿舍，一推门就被那"榴莲炮弹"打中。后来经过我多次的抗议与协商，总算是避免了"炮弹直射"，得以在"战火纷飞中自保性命"。

我的高一生活如今大抵清晰的便是这么多，之后是新的人生历程——高二。文理分科后，我彷徨过一阵，总是对自己的定位不是那么清晰，用语文老师的话来说就是本末倒置。初期我对文科的几门学科很感兴趣，上课听得津津有味。加之刚开学，理科学科都比较简单，倒是也显不出什么问题。我沉浸在每天的幸福生活中：跟同学聊天、吵架、参加学校活动，世面见了不少，本职工作却没太多进步。后来物理课上的例题渐渐难了起来，天真的我傻傻地选择了"逃避"，导致成绩出现危机。那时我的苦恼大概还是班里的榴莲清香，那味道实在是让我魂牵梦萦，像雷达一样高度警戒。班里同学爽朗外向，虽说也有和我一样受不了榴莲的人，但是都像我一样能躲就躲。能在这样融洽的班级里生活三年实属我的幸运。也是在这样融洽的氛围中，我渐渐懂得了如何去包容，如何融入集体，如何高效而让人信服地完成自己的工作，将班级环境打理得井然有序。

这一切的开始并不是那么容易。刚升入高二文理分科后，我被选为班级生活委员。因为高一时班级卫生被前任生活委员管理得甚好，我便掉以轻心地在开学之初没有改变原来那些存在些许漏洞的政策，继续沿用下去。随着课业压力逐渐加大，大家值日时开始偷懒懈怠。这时却管不得（没有规定相应的惩罚措施），再制定措施又为时已晚。这样的现象越来越严重。在临近期末考试的前两周，竟有男生因为不想做值日而跟我大动干戈。我的心中像打翻了五味瓶一般揪在一起，一时间竟有些怀疑自己在班集体中的定位。那几天我看谁都像是在笑话我庸人自扰。这事到底是如何解决的，我的心结又是如何打开的，现在我已记不大清。好像是因为气愤难当，找班长哭诉，后来班主任告诉我遇事要自己想办法解决，哭没用，到了以后更是没人会帮你，凡事得靠自己。

靠自己解决。这几个字点醒了我这个梦中人。我后来的发展韧劲儿就是由这几个字演化而来，逐渐融进我的骨血之中。

人人都说高三是噩梦，是人生中最苦最难的旅程。恍然间我便随着大家一起进入了高三的试炼。看着大家很快地拾起过往的知识，我却像一张白纸一样需要重新书画，我慌了，怕了，又不得不硬着头皮逆流而上。让我最痛苦的是数学和化学。说来也惭愧，人家都是班主任的课学得最好，我却反了过来；人家都说数学成绩好，理科也会好，我也是反其道而为之。我算得上是勇气可嘉、越挫越勇了。自打上高三，回回考试大都在这两科上出乱子。我却还是没改正那个恶习——哪里有伤就捂着哪里，非得等到发炎溃烂才肯医治。而这一捂，便到了寒假。

我妈妈急得不行，日日要我报班补习。我却是补怕了，说什么都不去。一时的强硬抵抗最终拗不过妈妈的软磨硬泡，如今回想确实是苦了天下父母心啊。就算我有千般万般地不愿，那段冰冷刺骨的日子还是流水一般地消逝。我内心的恐惧和不安逐渐地攀升：对未来的、对考试的。有人说，迷茫是青年人特有的权利，尤其是高三。寒假结束后，大家都有些急躁起来，中午在班里学习的人越来越少、上晚自习的人越来越少、晚补前追跑打闹的人多了起来……然后，那久违的榴莲香气在某一个下午再一次飘散出来。同样的人追逐着互相喂榴莲、同样的人抢着吃、同样的人落荒而逃。我坐在自己的座位上看着，那一瞬间三年时间交错，那些模糊的、淡忘了的记忆再一次在眼前上演。这一次的我没有逃，静静地享受着与同学们在一起的美好时光。

当我又回到生活过三年的学校，一草一木好像都在跟我诉说。教学楼门前的那两棵玉兰树，早在今年初春一展风采前就被移走。想起第一次来到燕化附中时，两棵郁郁葱葱的大树站在大门两侧，挺拔而又繁茂。有人说是移到篮球场那边去了，我也仔细端详过那几棵玉兰树，并未有记忆中那威严挺拔之姿，还是差了那么几分。操场边的小公园里梧桐树枝叶繁茂，边上的长椅是当年拍摄音乐剧和社团海报的最佳地点；跑道是我们参加运动会为班级争光的主战场；篮球场是我们获得女篮冠军奖杯的舞台；主席台前，我们送别了学姐学长；还有教室、礼堂、食堂……每一处都有我当年的身影，一桩桩、一件件，竟冲破那层薄纱飞回我的脑中。

不知我是怎么回到家的，打开冰箱，伴着那刺鼻的气味，我掰下一瓣榴莲塞进口中，视线模糊起来。崔老师说过，榴莲清香，留恋故乡……我没有流泪，只是无声地倾诉我心中的炽热。我的真情会伴着那飘香十里的榴莲馨香，传达到我挚爱的地方。

# 高中成长记录

北师大燕化附中 2018 届应届毕业生 北京农学院 沈民蓝

人总可以在回忆的漫漫长路上不断反思不断成长。三年，总觉得在燕附的高中生活像做梦一样，当然也是美梦、噩梦交加。三年前，我浑浑噩噩、战战兢兢地走进燕附。在这之前，我完全不知道燕附，不了解这里的一切。也许是命运的安排，让我在燕附成长，使我与2018届石化科技班最好的你们相遇。最开始，我对这里的一切都感到陌生，甚至恐惧。班主任张爱平老师告诉我们，要适应高中生活，享受当下的快乐。慢慢地，我放下戒心，与新同学们交谈，结交了很多知心的朋友。石化科技班的同学们都很团结、善良，我很幸运和你们一起成长。

高一，第一次考试糟糕透顶。初中时总是班里前三名的我无法接受这种不堪入目的成绩，对自己的信心一点点消耗殆尽。但我告诉自己，放下过去的成功，未来需要我去拼搏。于是，一场持续三年的战斗打响了。也许很多人会认为：我的努力一定要有一个非常好的结果，才算对得起自己。但我可能是经历了太多起起落落，对过程与结果的认识更加深刻一些吧！我不是聪明的人，我的努力也许没有很好的效果，结果也许不会太过乐观。所以我认为，每个人的人生都是一本独一无二的书，我的书只需要情节够精彩就可以了，结局顺其自然便好。

高二，感觉这一年有十年之长。文理分科后来自各个方面的压力，让我一度崩溃。哭过很多次，之后还要再站起来，继续学习，继续生活，保持微笑。那次，在宿舍水房，一个后翻直接把头磕出一个大包；那次，在篮球场打球，第一次崴了脚；那次，在运动会上惨烈地摔倒。身体上受的伤害，心灵上的伤口，陪伴着我过完这一年。虽然煎熬，却是我人生的一节大课。学会看淡坎坷，学会乐观地生活，学会放下……

高三，逐步走向成熟。一个不经意间，我们从孩子成长为大人。我们知道学习对于未来人生的重要性，我们学会了主动学习，知道学习是为自己而学。

今天的汗水，今天的辛苦，都将是我们收获的果实的养分。高三，考试越来越多。越临近高考，气氛越紧张。但经历了高一、高二的磨炼，我的心态变得很平稳，看淡成绩，重视过程。在我看来，高三一年最重要的不是最后的高考，而是在这一年中，真的成长了，有了担当责任的能力。对于每个人而言，高考都不是终点，它的确是一次人生中十分重要的机遇，但不是唯一的机会，所以哪怕失败也不要放弃，成功就更不要掉以轻心。人生这条漫长的路，机遇的岔路口有很多，不必太过在意其中一个。高考后，没有想象中的欢呼雀跃皆大欢喜，也许得到了什么失去了什么。生活就是这样，在你期待已久的事情发生之后，你发现自己如此平静。在你十分恐惧害怕的事情过去之后，你发现困难其实不堪一击。只要你敢于向前走，生活处处都是惊喜。

高中总被人们说难忘青春，自己经历过后，其中的意味需要自己用心去体会。我们的高中已经放下笔，你们的高中还需要继续书写。愿学弟学妹们追逐梦想，永不停歇，你们的时代将因你们而辉煌。加油！燕附学子！

# 成长在燕附

北师大燕化附中 2018 届应届毕业生 中国科学技术大学 于泽

回想当初进入燕附，是在一个大雨滂沱的下午。阴霾的天空让我因为即将离开父母独自生活的紧张和不快加重了许多。当父母离开，只留我一人在宿舍和两个陌生的室友在一个寝室时，孤独和难过涌上我的心头。我开始怀疑我的高中生活是否会有意义。

但万幸的是，我有两个好室友，还有许多执教经验丰富的老师。他们不仅在学习上给予我应有的帮助，帮我打牢基础，逐步建立信心，更在生活上给予我关心，让我感受到了和家庭无二的温暖和感动。犹记得语文老师的谆谆教诲，对我的无私帮助；也记得元宵节当晚班主任送来的汤圆，温暖又动人。就在各位老师无私的帮助下，我逐渐脱离了孤独的状态，认真学习，和同学相处融洽，积极参加各类活动。就这样，三年下来，我学会了许多，也成长了许多。不会再像以前一样爱发脾气，也不再像以前一样懒散。我学会了自律，也学会了自强，更学会了对于自我的认知和反思，以及对于他人帮助的感恩。

对成熟我也有自我的见解。我认为成熟是一个能均衡个人价值观、态度、行为的人；一个既有勇气又有胸怀、既有理智又有激情、既自信又谦虚、既聪慧又善于表达的人；一个追求理想和兴趣、终身学习和执行、深谙与人相处之到的人；一个明白自我想要什么，而不是什么都想要，懂得坚持也懂得放下的人。成熟的人拥有大智慧而不是小聪明。一个成熟的人必须十分爱国，他明白：父母给了他生命，但祖国却能让他的生命更博大。

"没有最好，只有更好"这是我的人生目标，用心进取、善于思考是我的本色，按照计划定期，逐步实现目标。真正的成功来源于前进道路上的每一小步，不要幻想凭借好运就能一步登天。所以我会把精力放在若干个短期目标上，相信

必须能实现更长远的目标。坚持不懈，每一天都要为实现目标而努力。不管我取得的成就多么微小，也要给自我进行庆祝。我憧憬幸福完美的生活，期望并努力去好好学习，期望自我有所成就，我将会不断学习、不断探索，最终到达目标。在实践中逐步提高与完善自我，是我今后所努力的人生方向。

# 在燕附成长的那些日子

北师大燕化附中 2018 届应届毕业生 北京农学院 张冉

　　转眼间高考过去了半个月，蓦然回首高中的往事，让我最难以割舍的记忆还是高三这一年的经历。高三，一个令人心酸彷徨却又乐在其中的阶段。在这期间，我们飞速地成长着，心智和各方面的能力也随着这一过程不断被磨炼，不断在提升。尝过失败的滋味，也收到过老师、同学们温暖的安慰和鼓励。高中最可贵的还有收获的友情和师生情。

　　我在这里着重回忆的还是高三生活吧。其实我还是想扯一下大道理！一定不要畏惧高三，高三是我们很多人都要经历的一个坎。我们通过高三这一年的充实，才能深刻体会到我们是在真真实实地为了自己的目标在努力着、在做着什么。不要管结果，那是我们为之努力后所得到的，我们要微笑着接受！

　　高三这一年让我最"痛苦"的是一波又一波的题海，上课做，回家还要做，做到晚上 12 点以后是家常便饭。我常常会为做不出一些物理题、生物题而苦恼，甚至感到心力交瘁。情绪因为这些变得阴晴不定，忽然憋不住压力了也会大哭，释放后依然要选择拿起笔和题刷起来。但是一想到曾经看到都想躲起来放弃的题，在一天天的努力下慢慢解开，还是有不小的成就感！

　　高三离不开同学的陪伴。在这个阶段，朋友间的友谊不断加深，相互陪伴，相互鼓励。我最喜欢的事就是在课间休息的时候，扔掉手中的铅笔，丢掉满脑子的几何图形，找亲近的朋友们玩一玩，笑一笑，或是一起去卫生间、打热水，这些都是调整情绪、缓解疲劳的好方法。此外，每个礼拜二下午两节课后还有一大段休息时间。在天气炎热的夏季，教室里闷闷的，我就喜欢跟好朋友到图书馆一侧的树荫下，拿着古诗词相互检查背诵。我不会的题目，他们会耐心地给我讲解，没有多余的心思，只希望双方都能好。

我想，这一年我们三人生物小组也算小有名气了吧！不仅登上了生物老师的PPT，还被老师们鼓励和夸奖了。我们成长了，我们学会了约束自己，也学会了利用时间。

高三离不开的当然还有可爱的老师。高三刚开学，当我得知自己是张老师的课代表时，其实还是有点震惊的。后来我才明白，原来老师是在锻炼我、督促我，让我学习进步。尽管有时候老师说的话很直白，很让我们难受，但是等到平静的时候再仔细想一想，其实也是一种鼓励。老师们会督促我们去改错，关注成绩不是很好的同学的心态和学习状态。对老师的一些埋怨和不理解，随着成绩一天天的提高也都找到了答案。在燕附的这三年，有了老师们的陪伴，才会有今天更好的我们。

一晃两三年，匆匆又夏天。总说毕业遥遥无期，转眼又各奔东西。三年前的我吵吵闹闹没大没小，嚷嚷着要快点挣脱高中的枷锁；三年后的6月，我终于要离开了，却想让时光倒流，想让日子过得慢一点，再慢一点。怪不得总有人说高中生活是最让人挂念、让人难忘的，因为在这三年中我们会遇到一生的挚友，真心为我们付出的老师们。在燕附的这三年，我慢慢地向成年人的世界挪动，心智逐渐成熟。

今天附中是我们的骄傲，明天我们是附中的荣耀！至此，再表达一遍我对附中和一班的永远热爱！

希望我们都可以有永远美好的前程！

# 成长在附中

北师大燕化附中 2018 届应届毕业生 首都经济贸易大学 周铜墙

高中三年，历经时间的历练，我逐步形成了自己的价值观和思考方式，思想日趋成熟。比起初中时那个青涩稚嫩的自己，我成熟了许多。体现在如下几点。

## 眼界——认知视野

多亏高一时参加的校内模拟联合国活动，使我的视野远远不止眼前学校的四角天空之上。曾经为了一个国际议题，翻遍了相关历史文献、学术论文，还有联合国官网上的正式决议文件。因为大量阅读了此类材料，我了解到不同的国家或国家联盟，在不同的事件上所表现出的态度和立场截然不同。还有很多人正在遭受不公或苦难，我想要去做些什么，哪怕能够让这个世界改变一点点。

## 思维——思考方式

同样也是因为模联，我形成了一种比较好的查找问题思维方式及分层分析思维方式。例如，对于一件事，分层筛出其原因，而后细分，各个击破。不仅是在分析一个模联的议题时如此，其他问题皆可如此。语文老师曾经带领大家开展研究性学习——浅谈隐士归隐文化。我们小组从三大方面——社会环境、个人经历、个人思想，分析其归隐原因。而后详细分政治环境、文化环境、自然环境，正向经历和逆向经历，由此分析其个人情绪、个人思想与志向。这种递进分层寻找原因的思维方式将对以后解决各类问题有很大的帮助，这也算是我在思考方式上成熟的一部分。（其实晶莹姐在高一、高二时总是训练我们画思维导图。高三时的作文思路提纲也跟思维导图类似，它可以更好地理顺我们的思维层次，让思路更加清晰全面。虽然曾经不太喜欢思维导图，但现在一回想真是受益颇多。）

## 未来——目标计划

提到未来规划，就要说说平哥了。平哥从高二下学期开始，让我们准备了一个分析分数和学习方法的本子，让我们针对自己的分数分析问题，定下目标，然后再讨论如何做，让我们定下一个小目标而后逐渐实现。我因此获得了一种思维方式，机械性地解决问题可能会走偏路，要直接从其根源入手，直达要害才方可解决问题。其实不只是学习成绩可以进行目标拆分，人生也可以。未来想过什么样的生活、收入多少、在哪儿工作、工作内容、几岁到几岁干什么，这都是未来要规划并实践的东西。我们总是忙于未来，却很少认真思考过未来。我对自己的未来不再如三年前那样迷茫、没有方向，愿以后的我可以坚定自己，朝着自己的方向为之努力，不断前进。

## 能力——学习能力

高中的大环境与初中完全不同。它更要求学生独立自主，自主学习、自主解决问题，注重能力的培养和习惯的养成。能力指自主学习能力、探究学习能力，习惯指良好的学习习惯。这些正是为了大学的学习做准备。我想不只是我，大部分经历过高中三年试炼的人都具备了自主学习的能力。

此外，高中三年，不仅仅有成长，还有很多感动。

高一的时候，某次午间去食堂买饭，偶遇大妈态度不好，外加当天自己心情低落，一赌气不吃饭回班生闷气。偶遇平哥，具言以告之。平哥跟我说，我已经不再是个孩子了，要走向成年了，应该学会成熟，好好对待自己，没有必要老是因一些小事而生气，还不吃饭……我甚是感动，也看到了自己大衣下的"小"，此后对于一些小事便潇洒了很多。

无论是高一还是高二，歌咏比赛、篮球赛、运动会，忘不了大家在赢了集体项目之后的欢呼雀跃；在班里有同学受伤之时大家对他的关心和照顾，大家团结一心、相互包容、相互照顾。每每回首这些日子，都有一丝感动萦绕于心间，于时光的长河之中，温暖着我心。

高三，自招签字失败，那个时候距离报名结束还有几天，心情焦虑又沮丧，内心郁结。而后去找莹姐聊聊，莹姐说不用想那么悲观，只是对方不了解你所以才不签字，如果需要的话，莹姐可以帮你签。我真的非常非常感动。莹姐不知道，这几句话让一个迷茫的少女有多感动，谢谢有莹姐在。

　　三年已过，高中生活已经结束，未来我要独自面对人生路上的坎坷。总有一条路是要走的，也总有不管是否愿意接受都要发生的事情。无论前路多坎坷，都要义无反顾地踏过，不再胆怯，不再畏首畏尾，不再徘徊纠结，不再幼稚天真。我将迎着困难，一路坚定地走着。

　　在此真诚地感谢我的高中老师们。事事为大家着想、为大家铲平前路的平哥，认真负责又关心我们的莹姐，严格认真又可爱和蔼的伟丽姐，细心认真、温柔心软、老依着我们的红红，幽默风趣、经验丰富的吉叔，还有像老农民一般淳朴，总是会跟我们讲人生的虎哥。感谢高中三年有你们的陪伴，时光荏苒，回忆因你们而感动常在。

# 人生和逆旅

✎ 北师大燕化附中 2018 届应届毕业生 首都体育大学 包新榕

苏轼说："人生如逆旅，我亦是行人。"人生就是一趟艰难的旅程，你我都是匆匆过客，就如在不同的客栈停了又走，走了又停。燕附于我，大概是一个很重要的旅店吧。在这里整装三年，然后上路，带着满满的回忆与祝福。

在燕附的三年说不上"曲折回环"但也绝称不上平淡。

比方说，我错过的入学测试。那场据说考到吐血的入学考试我在飞机上平安度过。于是，全考场都"认识"了我的名字。

再比方说，我高一的大半学期一直坚定地认为我会学理科。即使班主任说我"一身文科生气质"，我还是坚定不移地想要学理。我高中三年基本没上过补习班，仅有的两次奉献给了物理和化学。于是，我学了文。现在想想，挺有趣的，大概这就是人生吧。我们只负责规划，后来怎样谁知道呢。

我的高一还好，平平安安地过去了，高二、高三却是各种意外层出不穷。我高中一直住宿，很多意外都是在老师和同学的帮助下扛过去的。

我很幸运，高中三年遇上了两个极好的班主任。尤其是后两年，班主任给了我无微不至的照顾。不止在学习上，更在生活上。

我很幸运，高中三年遇上了一群团结友爱的同学。大家一起走过风风雨雨，然后互相祝福，各奔前程。所谓"前光道曲"不外如是。

我高二时常犯胃病，每天药汤药丸就没断过。当时我周围的人身体也都不大好，每个大课间都能看到三个人在喝中药。我们那片，药味就没断过。大家互相提醒着吃药，互相提醒着注意身体。

胃病还没好，我腿上又开始起湿疹。那时我还不知道，这湿疹一折磨我就是两年。最开始只是双脚脚腕。吃药擦药都不大管用，但也不是很严重，于是我也没再关注，任其发展。但在一个晚自习后，我的班主任突然给了我两袋药。我至今记得那时的震惊与感动。她之前也跟我说过，但一来我早已放弃治疗，二来我也嫌麻烦便没当回事。谁曾想，班主任竟然真的给我找来了药。

我同寝三年的朋友曾不止一次地说："'惨'字贯穿了你的整个高三。"现在再看，确是如此。高三第一天，我拖着一条腿进班；第二天，扶墙进；第三天，我拄拐了。我的整条腿都肿了。那一个月是同学买完午饭再送回班给我，那一个月是老师走到我身边为我解答疑惑。那时我不知道，这只是开始，我的老师和同学将照顾我走过整个高三。

腿没好两天，湿疹又卷土重来。不同于之前的小打小闹，这次它气势汹汹，直到高考过后依然赖着不走。腿上、手上，严重时走不了路、写不了字。在这段时间里，有好几次我都感觉自己快撑不下去了，是同学们把我拽了起来，拖了出来。都说祸不单行，这话真是一点没错。崴脚、摔跤、磕磕碰碰……一个星期如果只有两次意外，那就是幸运的一周。每次家长会，老师与我家长说的第一句永远是要我注意身体。可想而知，在这过程中，我的同学和老师帮了我多少，在我的生活中有多少他们为我奔波的剪影。

任何一个高三生都要面对学习的压力，我亦是如此。

语文一直是我的强项，可不知为什么我的作文一直都写不好。解决的方法只有一次次地改。一改、二改、三改，一次又一次。连我自己都改到不想再改的时候，语文老师依旧鼓励我，不厌其烦地帮我改。甚至后来，我可以在周五晚自习后到周六放学之间写出五篇作文，然后老师再一篇篇帮我改，竟然在周二之前全都跟我讲完了。没有这段经历，我想我高考时大抵是无法在十五分钟内写出那篇六百五十字的作文的。

数学许是高三考试次数最多的科目。各大城区的模拟卷子我们是一套没落地全考了。我们一直很想知道数学老师是怎么做到判卷速度那么快的。正规考试数学总是最先出成绩，平常考试是一张不少地全判了。真乃神人也。到了高三的尾巴，总有讲不完的试题。老师便一个一个把我们喊过去，一张一张地改。我的每张卷子都找她分析过。

我的英语成绩用"惨不忍睹"来概括绝不夸张。课下我经常开玩笑说："A班的平均分由我掌控。"一个旅店中有这样一位客人是够让人头疼的。然而，英语老师并没有放弃我。我的同学也天天都在给我讲完型，讲阅读，讲作文。在老师的前拖与同学的后推中，我最后的成绩大概还是对得起组织的吧。

文综都是很有意思的科目。不背不行，光背更不行。课堂时间不够，便只能课下来补。历史老师的办公室每次去都有人在排队，地理老师进班就出不去，政治老师的大课间永远都有人在问问题。老师们似乎都没有了休息时间，可我从没见过她们拒绝谁。课间不够，微信来补。解决或许会迟到，但绝不缺席。

不管结果如何，我们都曾经共同努力过。

对燕附来说，我们只是匆匆客人中的一波；对我们来说，燕附只是不同客栈中的一个。但无可否认的是，在我的成长中，这个客栈占据了重要地位。多年后，想到这段平静无波又波澜壮阔的时光，我大概依旧会笑吧。

人生如逆旅，我亦是行人。

# 我在燕附的成长

北师大燕化附中 2018 届应届毕业生 山东大学 李镕灿

　　时间过得真快，三年前中考填报高中志愿的场景依然历历在目。我当时的成绩大概在全区 200 名左右，比较合适来燕化附中。虽然如此，当我看着志愿表上孤零零的"北京师范大学燕化附属中学"，还是感到各种不确定所带来的担心和茫然。我不知进了这所学校能否学有所成，这个熟悉又陌生的学校会不会让我难以适应。各种疑虑伴随着我，来到这所学校。

　　入学前，我们有两次接触燕附的经历：中考体考和中考。走进比初中更高级的校园里，我怯生生的，对今后的高中生活充满疑惑。能给我心理安慰的，是这陈旧的建筑彰显的一种底蕴，和花草树木装点出的生机。

　　时间总会不停地前进，8 月，我进入燕化附中，即将开始高中生活。分完班，我们准高中生们的第一件事就是军训。和大部分同学一样，对于人生的第一次军训，我反感但又不得不接受。军训是燕附新生第一次的集体生活，渐渐的，我们感到越苦越团结，越累越坚强。吃得苦中苦，方为人上人。每个同学都逐渐摆脱了稚气，打磨了心性，变得稳重踏实，涵养了几分静气。当时，连一刻的阴凉都成了奢侈，我们自然会更知足、更耐磨，快速地具备了一个合格高中生应具备的基本品质。同时，集体生活让同班同学迅速熟悉起来。有了朋友的陪伴，酷暑中的我们感到一丝清凉。想家时，朋友的安慰让我倍感温暖。在树荫下休息时，各班同学扯破嗓门唱歌，为了自己班声音盖过别的班集而心花怒放。另外，军训中，老师和同学们同甘共苦。每位老师都恪尽职守，陪伴、开导我们。这让初来乍到的同学们少了一分疑虑，多了一分温情。不能忘记的，是我们的教官们。他们给我们的第一印象是严厉、矫情，似乎成心要整我们。但严厉和阳刚是军人的特点，纪律和服从是军人的习惯，教官们的"刻薄"证明他们是合格的军人。我们逐渐感受到，教官们其实也在努力地给我们温暖。他们尽可能地让同学们在树下多休息一分钟；组织我们唱歌振作精神……这是来自军人的特殊的温情，我们应该铭记并感恩。

进入高一，学习似乎不那么紧张，每天有大量休息时间。我对高中生活很快就适应了，学习感觉还可以，但没花太多心思，只是课外时间浪费了很多。不运动，不参加社团活动，也没读什么书，休息时间都浪费了。第一学期我的成绩一塌糊涂，直到期末考试失利后，我才进入学习状态。

高一下半学期在我的高中生涯中是最记忆犹新的。我的精神头很足，学习生活很棒。从这学期开始，我很爱与老师交流。尤其在课上，我的心思紧跟着老师，有问题就问出来。有的同学甚至吐槽，我提的问题多到影响了他们的学习。这种精气神让我的成绩快速提高，期中考试进步了104名。同时，我的这种外向型精神也在课余时间有所发挥。我导演了一部音乐剧、参加演讲活动、组织班歌比赛、模联活动，在政治课上也大放光彩，经常性地分享时事。

我的这种视师为友的状态一直不变。从我的这些表现，我们能看到燕附的哪些色彩呢？首先，就是宽松的氛围，这主要体现在老师身上。燕附的老师基本都非常负责，在课上、课下都会耐心地和学生交流，回答问题。尤其是年轻教师们，精力很充足，还有着一股拼劲。老师们的好风气是学生们的福分，是我们进步的温床。其次，燕附的课外活动丰富多彩。社团发展得欣欣向荣，酿酒、机器人等的课外实践活动也逐渐增多。对于成长中的高中生们来说，参加这些能拓宽视野、提升能力的活动意义非凡。

这一学期的收获让我自信心大涨。到了高二，我甚至变得很自负，并且贪婪地追求着各种奖项，追求同学的羡慕。在我心中，与老师的互动成了一种仪式化的规矩，每节课都要事无巨细地向老师提问，有些问题无关痛痒也被我热情钻研。看似用功，成绩却有所退步。

高二比高一压力大，我变得更加"好学"。而整个高二我就没考好过。老师们多次吐槽我的学习过于形式化，过于急躁，学习面广而钻研不深入。我多次反思，渐渐做出一些改变。现在看，我的症结就在于忘记了学习的初心。

我学习是为了什么？这个问题一言难尽，但一定不是为了在别人眼中展示自我；我不应为了学习而学习，只求广挖坑而不深掘井。我渐渐学会了取舍。从前，我野心不小，什么都想得到。考试排名、奖状证书……我总会费尽心思去拥有所有我看到的东西，长此以往，我便患得患失，常常为了失去小利而自怨自艾。但我们怎能干好这么多事？抓鱼要双手配合才能抓住，蜻蜓点水式的学习方式，就算看起来用功，成绩也不会很好。面对这么多的好处，我们总要有所取舍，将工夫放到重要的事上，才能事半功倍。到了高三，在更优秀的班级里，我在学习上危言危行，少了些躁动，总结自己的缺点，一点点地改正，我的成绩也有所进步。在燕附的学习，让我成熟了很多。

仔细想想，最应该品味的，还是和老师、同学在一起的这段时光。当三年高中生活即将落下帷幕的时候，我们都非常珍惜每一次上课的时间，珍惜在学校的每一刻。高中的味道，必定五味杂陈。我们常常抱怨高三之苦，但有无相生，难易相成，现在想想给同学讲题、上课被老师的问题吓住、熬夜整理笔记的画面，未尝没有深深的怀念。这些都是高中的印记，在今后都只能成为回忆。一年转瞬即逝，三年也一眨眼工夫就过完，我们任何时候都不必去过多地憧憬未来的美好，而更应该珍惜当下，花心思去品味现下的酸甜苦辣，活在今天。

所有人都会对母校有着特殊的情结。不管学校水平如何，无论从这里考入了什么大学，我们静心反思回顾，都能看到自己成长的道路。今天，我从燕附毕业了，以后不会再在这里上课，从前的同学也都各奔东西。但老师们都扎根在这里，校园依然屹立在这里，一届届学弟学妹也在此成长着。三年成长在燕附，我满心感激，以后也会常回来看看老师、同学，再来走走母校的操场，闻闻花香。与三年前的我相比，同样是即将进入新的学校，但我多了一种成年人的成熟与感悟。站在更高处，我也对明天的路有更清晰的规划，定会继往开来，踏出更精彩的大学生活，和更美好的人生。

# 燕附伴我成长

北师大燕化附中 2018 届应届毕业生 中央财经大学 刘沂雯

看到录取结果的刹那，三年寒窗记忆裹着千般酸甜苦辣扑面而来。燕附粉红色的教学楼见证了我新竹抽芽般青涩但迅猛的成长。所以，我写下文字给自己以纪念，给学弟学妹以启示。

## 高一，中考失利

来到石化科技班的最初怀有很大的不甘心，但并不轻松的学习任务和美好的同学氛围很快淡化了我心上的阴霾。张爱平老师作为班主任给了我参加翱翔计划的机会，我也很幸运地成为唯一被录取的人。

被信息科学专业录取后，我在课余时间开始学习 C 语言、python，建自己的网站，学习 3Dsmax 建模。在人大附中等学校先后参加了四次夏冬令营，在北理工有了自己的导师。现在看起来，这无疑拓宽了我的视野，我对于科技发展的感知变得更加敏锐。

与此同时，我对于每个学科的学习也有了自己的体会。化学成绩的持续低迷与历史成绩的领先让我在思考后做了学习文科、退出翱翔计划的决定。

## 高二，学习文科

在这个暑假，我的年级主任耿老师去世。我和原来班中的几位同学进入了高二（7）班。新班级的老师和同学都很可爱。程锦慧老师成了我的班主任。她在听到我退出翱翔计划时很替我后悔，后来向我推荐自主招生。我不知道在当时燕附自招成功率低迷的情况下她是怎么提出建议的，但是现在看来，却是惊人的明智。

于是，同高一一样，我在每周坚持写时事评论的同时，开始准备自主招生材料。

背雅思，去参加创新英语大赛。改作文，获得省级一等奖。看材料，在国家期刊上发表。看直播，获得面试经验。我体验了很多别人没有体验过的，也获得了别人未曾见过的广阔荒原。同时，在和北大学长一起讨论论文时，我也找到了我想一生要做的事情。这点才是自招带给我最重要的影响。在论文发表后，我的高二也结束了。

## 高三，厚德载物

如果说出目前人生中最令我自豪的一段时期，我想就是高三。不是因为我曾考出能上清北的成绩，而是因为我在如此高压的情况下能够做自己，努力帮助其他同学，没有因为竞争而扭曲自己。面对刻薄，面对冷漠，我都没有用相同的恶意来回馈。能鼓起勇气来解决自己不太擅长的问题，我在我自己的心中就是英雄。而这段向着最高目标而努力的时光，也必然会成为我的力量。

虽然高考我考出了高三以来最低成绩，但我依然无悔，和可爱的老师、同学在一起的时间深深刻在我的心里。我想，也是因为我的坚持，我的执着，我才能凭借自主招生幸运地进入了中财的财政专业，而这就是我高二开始萌生的梦想。没有比全力以赴的失败更令人难以接受的，也没有比全力以赴的失败更令人能够释怀的。因为厚德载物，所以不负努力。

所以，三年回溯，燕附对我来说不是一栋建筑，它是由许许多多可爱的老师，可爱的同学一起构成的。它偏僻，它渺小。它温暖，它伟大。它有着不断提供给我机会的张爱平老师，有激发我写作热忱的李晶莹老师，有让我严肃对待数学的张新禄老师，有独自攀爬人字白道对燕山充满感情的崔军老师，有像太阳一样温暖的及淑红老师，有分班时因为不舍忍住不哭的杨扬老师，有一见面就像老朋友聊很多的肖红老师，有一直向我推荐原版书籍让我明白人生理想的彭秀娟老师，有一直很温柔只是偶尔迷糊的张伟老师，有一年产假归来还能记住所有人名字的高静老师，有把中国地图牢牢印在我脑中同时又很酷的韩树红老师，还有特别好以至于找不到词来形容的程锦慧老师。

从翱翔计划，到自主招生，到备战高考，燕附提供的种种机会塑造了如今的我。而高一刚开学的不甘心，早已消失殆尽，变为无尽的庆幸。这样看来，我的央财生涯是不是也是这样呢？我无比期待。

语及此，我只能用微薄的语言来表达我对燕附的爱意。愿燕附越办越好，愿校友前程似锦，愿老师青春永驻！

# 我在燕附的三年

✎ 北师大燕化附中 2018 届应届毕业生 首都经济贸易大学 崔钰嘉

在燕附学习的高中三年，我学会了"Where there is a will，there is a way"。每一年我都会遇到对于我来说不同的挑战，并且去战胜它，让我可以在梦想的道路上坚持下去。

高一的时候，学校为我们做了许多关于大学和专业选择的准备，这也让我对学习一门外语产生了浓厚的兴趣，于是暗自下定决心要考上一所语言类大学。高一有各种娱乐活动，我的成绩对于我的目标来说有一定的距离，但我没有觉得自己不行，想要突破极限，看看结果到底如何。期末分班考试，我进步了五十名，考进了文科实验班，距离我的目标又近了一步。

高二分了文理科后，学习和排名都更加明确清楚了，这也意味着竞争更加激烈了。在这一年里还要完成会考，相比高一来说更加忙碌，压力更大。但是在这种压力下，我进一步明确了自己的目标，对学习有了整体规划。经过一年的不懈努力，我在高二的期末分班考试中考了年级前十五名，进入文科重点班。

高三是高中三年里最重要，也是最煎熬的一年。每一天都非常不好过，我不仅要摸索各科的学习和答题方法，还要顶住压力和打击完成课业。在这个过程当中，老师和同学对我的帮助非常大。由于我的基础比较薄弱，在重点班里成绩不突出甚至总是排名倒数，这让我产生了极大的自卑感。但值得庆幸的是，在这十几个人的班级里，同学们都非常热情，乐于分享自己的学习方法，相约几个人组成小组打卡刷题，使整个班级形成了良好的学习氛围。另外，细心负责的老师们也给了我极大的帮助与鼓励。每一科的任课老师都非常认真负责，语文及老师、数学钱老师、英语彭老师、历史张老师、地理韩老师、政治程老师，他们每天都守在我们身边，时刻准备回答我们的问题，早上七点多到学校，晚上九点多回家，

甚至为了帮我们答疑就住在学校。每一次模拟考结束后，班主任程老师都会帮我总结这次考试的得失，让我冲过黑暗。我认为虽然高考成绩很重要，但在高三这一年里与这些认真负责的老师和热心可爱的同学的相遇，及为了理想拼尽全力的奋斗过程，远远珍贵于高考成绩。

我的高中三年充满了努力与希望，我在燕附的成长没有人比我更清楚。不仅仅是学习成绩有所进步，性格也有所成长，而这些是我一生的宝贵财富。最后，希望在燕附刻苦学习的学弟学妹们在高考中金榜题名，跨入自己的理想大学。

# 在燕化附中的三年时光

📝 北师大燕化附中 2018 届毕业生 北京工业大学 刘仟一

时光飞逝，转眼间，高中三年的生活就从我的指缝间溜走，但许许多多的故事仿佛就在昨天发生，历历在目。在燕化附中度过的三年，我在学习、人际关系等方面都有不同程度的收获。

在三年的学习过程中，我与很多同学一样，为各种各样的考试而烦恼。很多人每逢考试必会焦头烂额、过度紧张，甚至会抱着逼自己一定要考好的心态，导致成绩反而不尽如人意，没有反映出自己的真实水平，此次考试的真正价值也就没有得到体现。因此，考试之前，首先要对自己知识掌握的情况有一个大致的了解，做到心中有数；其次便是要做到自信，不去想结果如何。成绩下发后，保持"胜不骄败不馁"的心态更是十分重要的。切记不要因为一两次的失误而怀疑自己的能力，这对接下来的学习并不会起到多大的促进作用。过度妄自菲薄会打击自己在学习上的自信心，甚至因此一蹶不振。在高考来临之前，一切都不是定数，所以绝不能因小失大，放弃奋斗与前进的脚步。我在海淀一模考出了自高二文理分科以来最差的一次成绩。一模考试的重要性之高，相信大家就算没有经历，也有过耳闻。一模成绩的滑落，对我的打击无疑晴天霹雳一般。然而，一个月后的二模考试，我的成绩很快恢复到了正常水平。这正是因为我在一模结束后认真分析问题，补充漏洞，同时坚定"不以一时成败论英雄"的原则，把失败化作动力，推动我二模成绩的回升。很多同学在 2018 年高考结束后普遍反映题目难度较去年明显加大，其实我认为，无法准确应答题目也有紧张、焦虑的心态在作怪。由于考题偏难的缘故，再加上高考考场的严肃气氛，很多同学内心发慌，思维因此难以回归正轨，导致发挥失常。我在附中学习的这三年，认识到了正确对待成绩与考试的重要性，通过摆正心态减少了情绪的波动，

从而有效地提高了学习的质量和效率。

这三年的学习，自然少不了老师们的陪伴。在我们认真学习的同时，老师们也在费尽心思地准备教学计划和练习题目，力求针对我们的弱点，从不断的练习中提高我们的能力。就高三这一年学习而言，通过地理老师的课堂高频训练和数学、政治老师课下布置的练习，我发现了自己的弱点，也找到了一些题目作答的规律与方法。英语老师清晰明快的教学风格至今令我印象深刻，她不停地为我们总结阅读、完形中的实用词组，让我的阅读语感和写作手感都有了很明显的提升……在学习的道路上，老师们一直在我们身边，随时准备回答我们的问题。若要平稳地泛舟航行于学海之上，领航员的作用十分关键。能懂得学生所想，给予学生所需的老师才能为我们的学海之旅保驾护航。

当然，三年的学习生活，离不开同学们之间的欢声笑语。从高二开始，我加入了学校的音乐社团，开始参与学校的各类大型演出。经过一年的努力合作，大家对我的能力都有很高的评价。高三时，我所在的班虽然只有十六个人，但是学习的热情一点也不比其他班少。班里几乎每个人都把主要精力放在学习上，不论是课上还是课下，课间休息还是午休，甚至是最后几个月的体育课，哪怕有一点点空闲也要用来刷题，或是找老师提问。从老师的口中，我得知她们周日甚至也会自发地到学校自习。她们高强度的努力使我汗颜，也令我十分敬佩。不过，在我看来，努力拼搏少不了充沛的精力作为支撑。在学习之余，我会和其他班的同学一起去操场打篮球，有时候也会一起唱歌，欢声笑语之后，留下了友谊的印记。我通过这些活动结交了不少朋友，认识了很多很多不同年级、不同性格的人，我的社交能力也由此提升。唯一惋惜的是，这一切都来得太晚。当我们互相熟悉，刚刚开始无话不谈的时候，我们却要分离了。不过，尽管我们已然毕业，也许会走进不同的学府，会前往不同的城市，踏上各自的征途，但是这些共同的爱好永远是联系我们情感的纽带。一个电话、一条微信，只要有共同的话题，时间、距离都不是阻隔我们的障壁。不论如何，在高中结交到如此多知心且有亲和力的朋友，他们，永远是我人生中最珍贵的礼物。

2015年8月，我怀抱希望而来；2018年6月，我带着梦想而归。在燕化附中的三年，也许并没有我想象中的那样完美无憾，但它终究是一段让我难以忘怀，充满了不舍与留恋的回忆。

希望所有在燕化附中学习的同学们都能不留遗憾地完成想做的一切，享受最完美的生活，在高考中取得最理想的成绩。

# 成长在燕附

✎ 北师大燕化附中 2018 届应届毕业生 北京第二外国语学院 刘伊漪

光阴似箭，日月如梭，在燕附的三年高中时光转瞬即逝。回首这三年的点点滴滴，很多事仍历历在目。

首先，忘不掉的是初到燕附时的那场军训。那十天可谓是非常煎熬的十天，每天我们都在烈日的炙烤下站军姿、踢正步、做操，还要接受教官鸭子步、蹲起、俯卧撑的"魔鬼"惩罚，每晚我们都要忍受蚊子嗡嗡的纷扰。那几天我们一直在以各种方式倒计时，希望军训快点结束。但那也是非常特别的十天。那十天的共同训练让我们新同学间更加熟络，大家相互鼓励，相互帮衬，变得更加团结。那十天每天都有老师和校领导来看我们训练，为我们打气，那也是我初次体会到燕附老师们的温暖。我们与教官零距离接触，感受着他们身上"流血流汗不流泪，掉皮掉肉不掉队"的坚韧品格。同时我也经历了第一次在军营里过生日，第一次体验宿舍生活，第一次叠"豆腐块"，第一次写信等。回想起来，其实那十天我既磨炼了自己，让自己更加坚强，也与新同学搞好了关系，更加融入新的班集体，还经历了许多"第一次"，可以说初到燕附一下子就成长了很多。

在燕附的学习生活也令我印象深刻。

首先是我们的老师。我很荣幸，遇到的所有老师都是平易近人，尽职尽责的。尤其是高三一年，体会更深。数学钱老师作为校团委书记，任务很重，但仍以饱满的热情为我们上课。即使出差也留好学习任务，并在线为我们答疑。历史张老师和地理韩老师同时兼任着高二、高三好几个班的教学工作，但仍细致入微地为我们讲解知识点，耐心地为每位同学解答问题。英语彭老师腿不太好，但即使艰难也坚持走过来为我们上课。语文及老师一直面带微笑亲切教学，我不会忘记她美丽的笑容。班主任程老师不仅要为我们上课，也要顾及班务，还要为家长和同学们做思想工作，排忧解难。我们高三生总抱怨累，但其实我们的老师也一样甚至更累，而且她们还要经历更多的高三。因此，高三这一年，我不仅学到了知识，更是被老师们无私奉献的精神深深打动，她们也将是我日后学习和工作中的榜样。

当然，我的同学们也是我在燕附珍贵的回忆。这三年，我认识了更多的同学，也拓宽了朋友圈，还认识了很多来自西藏的藏生。还是以高三一年为例，一周七天，我们天天见面，甚是亲切。每天我们16人在教室中共同听课，共同学习，一起背书默写，互相考知识点，互相解答问题，交流学习方法，一起并肩作战，这段时光是真的难忘啊！

其实，燕附让我难忘的还有很多很多。在校时，每天都想吃食堂的香酥琵琶腿，每天都盼着有。我亲爱的、独一无二的蓝天卡一天不落地陪伴我吃了三年食堂，上交时后面还写着我那已经模糊了的名字和一次误刷记录的钱数。丰富多彩的课余活动，如健身大会、运动会等，也是值得回味的。还有我们燕附特色——跑操，虽然每次都宛如噩梦，每次都想着偷懒，但我从未请假坚持跑了三年。现在想想，还是很能锻炼身体的。以及已经耳熟能详的起床曲《兰花草》、上操曲《文明在哪里》、魔性广播操《Kissy Kissy》和我们的校歌……回忆真的太多，我无法一下全部说完，但这些美好的回忆我一定不会忘记。

燕附，她可能不是最厉害的高中，我也经常吐槽她，但她是我的母校，那是我全部的高中回忆。对我来讲，她就是No.1，也是the only one. 我以我是一名燕附人而自豪。时光飞逝，如今，我成了燕附的一名毕业生，即将步入大学的校园 . 我一定会继续努力，为自己的美好未来不懈奋斗。同时祝愿我们的老师，身体健康，桃李满天下；祝愿我们的学弟学妹，快乐成长，留下属于自己的燕附记忆，努力学习，明日成为燕附荣耀；祝愿燕附，我的母校，能涌现出更多优秀的毕业生，变得更加辉煌。

爱你，燕附。

# 万事翻覆如浮云

北师大燕化附中 2018 届往届毕业生 华中科技大学 刘铮

高中三年，身在其中时觉得时间过得很慢，待挥别这段时光，便觉这三年过得很快。嗨，都说时光匆匆，但时光哪有脚，走的总是人。

我对待了三年的燕附有种很复杂的感情。

因为学习生涯的前九年过得太顺利，顺利到让中考反而成了自己考得最差的一次。万事翻覆，有峰就有谷。因此我更感谢在燕附的这段时光，让我逐渐知道自己是谁，让一块原石在峰谷起伏的磨砺中渐渐涤除杂质，获得内心的平静。

还是说回"很复杂的感情"吧。

失落是经常的，高一尤甚。当心高气傲自以为是的少年，以颇为可笑的"怀才不遇"之心态进入新班级，却实实在在在学习和能力上遭"别人家的孩子"碾压时，那份失落是刻骨铭心的。我很庆幸，自己早早学到这样一课：荣誉属于过去，而我属于现在，现在属于很多人，所以我要谦卑。我几乎花了三年时间在一次次志在第一而落空的过程中才真正学会它。

会嫉妒吗？会。三生有幸，我得以在此遇上这么多宽容我的同学，他们知我不善言辞却不嗔怪，知我一心想超过他们却坦诚待我主动为我指点迷津。

会想放弃吗？会。亦是三生有幸，我能遇上这么多耐心待我的老师：有人会劝勉"为什么不是你呢"，有人会亲切称呼我为"宝贝儿"，有人会在我体育会考想放弃时在我身边说句"坚持这个速度就没问题"，有人愿意倾听我关于"临终昏迷是否该拔呼吸机"的肺腑之言，还有考前那一个个温暖的拥抱……我考砸过、犯过愚蠢的错误、发过不应发的脾气，但没有老师放弃我，他们仍然选择相信。

总听人说"愿你被岁月温柔以待"，其实岁月总在日常点滴中对你施以温柔。

113

就是在这些温柔中，我的一些棱角被磨平。

万事翻覆，人事分合恰如云之聚散，幸好还有回忆作念想。

万事翻覆，自己也不复初中时的"愤青"状态，最笃定的愿望竟是退休后去庐山写诗写文。

有时会叹惋自己现在这种丧气的状态，但每次参加燕附的活动、在台上说起红楼、在台下为中英文话剧担任旁白、写写主持词演讲稿，甚至每次提笔写卷子时，那种追求完美的渴望、确有作为的充实都在提醒我：我骨子里还是这个刘铮。

三年来，我还是会有些愤世嫉俗，会在校园里看到我看不惯的事情，会从家庭那里接收到很多令人沮丧的信息，但我感谢自己在被磨平一些棱角的同时保持着另一些棱角，或者说"不甘"。我不甘心承认那些自家孩子考进市里的家长对所谓"才考进燕附"的学生的定义，我不甘心承认在西南远郊成长的孩子不能拥有更广阔的天地，我不甘心局限在自己熟识的人所贪恋的小环境，我不甘心承认我们对改变这个世界的无力。

这份不甘，是我、是我的良师益友共同守护的结果。在"后院起火""墙倾楫摧"的岁月，在自己心中的信念如烛火般飘摇的时刻，燕化附中是最温暖的避风港，总有老师和同学用那么坚定的声音告诉我"希望"的存在，用一个团结的班级告诉我"温暖"的存在，用一个个对月长谈的深夜告诉我"信赖"的存在，用一个个学长学姐同龄人的事例告诉我"远方的成功不惧脚下的泥淖"！

纵然那万事翻覆如浮云，仍无法蔽了那高悬的日月。

恰因为万事翻覆如浮云，所以我们总能笑面人生、轻装前进。

感谢燕附苦乐参半、五味杂陈的三年，感谢燕附磨了我的傲气却炼了我的傲骨，感谢燕附告诉我纵然这个世界有阴暗仍无法抹杀光明的存在，感谢燕附教会我"万事翻覆如浮云"的道理，让我以平和而积极的心态向前看。

三年时光，一点也不后悔。万事翻覆，岁月不饶人，我亦不曾饶过岁月。很好很充实。

# 众里寻家千百度，只见燕附灯火阑珊处

北师大燕化附中 2018 届应届毕业生 北京第二外国语学院 马雅雯

缕缕阳光照射在展翅翱翔、追逐着圆球的雄燕上，折射出璀璨光芒，红亮的几个大字"燕化的希望"迸发出希望和激情的火苗。映着蓝天白云，或是璀璨银河，燕子和红字依旧熠熠生辉。这就是燕附的标志。

"流光总易把人抛，红了樱桃绿了芭蕉。"三年时间，说长不长，说短却也留下了许多动人的记忆。

高一时，带着好奇踏入校园，看着一张张陌生老师的面孔，说不出的烦躁。从军训时"流泪流血不流泪"的铮铮誓言中，坚强地度过那段难熬却也让我成长的时光。也是在此时间里，收获了纯洁而珍贵的友谊。高一，是一个从初中老师严格要求的时代过渡到高中老师给予你成长空间的时代。我很不幸成了时光的留恋者，难以进入学习状态，未意识到时间的珍贵，未激发出自己真正渴望学习的心，未发觉自主学习的重要性。于是乎，第一次高中数学考试我就光荣地不及格了。对在初中也算佼佼者的我来说，无疑是一次沉重的打击，我悲伤地哭过，羞愧地反省自己，低头面对数学老师禄哥的时候，意外换来的却是一个温柔的拍肩，一句温暖的鼓励。从那时刻起，我知道了自觉学习的重要性。

或是，物理成绩的一次次打击，还有史地政分数的迷惑下，我毅然退出石化科技班，选择了文科实验班。或许别人认为我放弃了好的资源走上了一条难以就业的路，也或许日后的我发觉文科一样不好学，但我从未后悔过，因为在这里，我认识到了一群志同道合、奋发学习、积极好学的同学；认识了一群耐心解答疑问，不断鼓励激励我们的老师；也让我感受到了团结互助的温暖。高二，新的篇章，主动推荐自己，当上班长，努力学习，真的是铆足劲和同学 PK，纵然结局并非十分如意，我还是在程老师的鼓励下，在"希望高三也能带你一起学习"这句让我感动落泪的温暖中，进入了之前所羡慕渴望的文 A 班——全校最好、资源最多的文科班。那份自豪难以言表。

高三，真的很快。眨眼之间，从最初听着老师一遍遍重复时间的重要性，到之后经历年级前五再到年级 26 的跌宕起伏，仿佛坐过山车般，从顶峰到谷底，人生的酸甜苦辣都纷纷经历过，感谢这段丰富的日子。昨日，课堂的场景还在眼前浮现；今日，就在和各老师的拥抱中走向美好；明日，便在考场上为自己的花样年华画上句点。一切转瞬而逝，珍惜时光，活在当下。也曾为自己之前浪费的时间而感到后悔，也曾为自己的成绩跌宕起伏而不知所措……但还好有关心鼓励我的老师；有激励安慰我的同学、朋友；有默默关注着我、成为我依靠的家人。真的要感谢她们。现在还不能忘记城管给我们熬的薄荷水、绿豆汤，为了让我们解馋，特意开车带我们买便利店的豆乳盒子；还不能忘记钱老师的巧克力，和流着泪的面庞；不能忘记彭老师的 luck 抱抱；及老师的灿烂笑容和常给我喝的"心灵鸡汤"，鼓励我做自己，勇于挑战；张伟老师温柔地"批评"，在我迷茫时的指点迷津及鼓励；韩老师爽朗的笑声，直率的安慰地理常垫底的我。以及学弟学妹们的红丝带祝福。这些美好记忆编织了不一样的幸福。苦中作乐的美好，只限高三。

燕附这个广阔的舞台，为我提供了学习和展示自我才艺的机会。我从高一以来一直活跃在学校的舞台上。高一，我参加同学自编诗经题材，半文言话剧《光阴的故事》，饰演四姨，并在北京市教学展示中参加表演。高二"坚守梦想 激励人生"大型励志活动，我担任主持人及梦想宣誓人；参加英语才艺大赛，班级自编自演的英语话剧《海洋之歌》(song of the sea)，饰演女巫 Marcha，获一等奖。高三"实现梦想，成就人生"成人礼仪式上，我担任主持人；在传统文化串烧节目里对《红楼梦》内容简单讲解和发表感悟。是燕附这个平台给我了无限的可能，让我能够绽放我自己的光芒。燕附让我成长！

很幸运能够在燕附度过我最美的花季，让我在此期间收获珍贵友谊和满满师生情。在这里我可以从不起眼的蚕茧蜕化为美丽的蝴蝶，绽放属于自己的光芒。感谢燕附！我爱燕附！

# 我的三年 感谢有你们的陪伴

📝 北师大燕化附中 2018 届应届毕业生 北京交通大学 秦沛娆

还记得三年前，青涩的我坐在燕附高一（2）班教室里，胸中怀着对高中生活的憧憬、期待及小小的紧张，在简单的自我介绍后开启了在燕化附中为期三年的学习生涯。

高一，作为高中最开始的一个年级，那时的我完全没有升学压力，仿佛高考离我还很远很远，每一天真的是在享受生活。天天在学校就基本可以把作业写完，回家后开开心心地投入综艺节目、电视剧的怀抱，坚持着晚上 10 点准时睡觉的好习惯。在学校里的生活也是多姿多彩的，大家在每个课间都聚在一起做一做小游戏，相约一起去小卖部扫荡。虽然那时候小卖部还没有进那么多新奇的小零食，但对于我们这些小馋猫来说也是很有吸引力的。所以在我的不懈努力下，在短短的一个学期里体重涨了 20 多斤，实在是令人悲痛。另外，我参加了模联社，第一次近距离地了解了政治，也认识了许多朋友。虽然几乎每一个假期都被会议占据，但也算是痛并快乐着。就这样，笑着，闹着，吃着，我度过了学习生活中最多姿多彩的一年。

高二，我学了文，来到高二（7）班。在这里，我的生活发生了翻天覆地的变化。上了高二才了解了什么叫学习气氛，每一个同学都非常刻苦，课间很少会有同学做游戏，更多的是在看书、找老师问问题，我们班也成了上下课基本无差别的班级。说实话，我也是在这一年开始学习的，特别认真地做笔记，买练习册刷题。为了摆脱手机的困扰还选择住了宿，开始了宿舍、食堂、教室三点一线的生活。每一天除了吃饭睡觉基本只剩下了学习，天天背书背到天昏地暗。我妈妈总是调侃我每星期回来脑门就会更大一点。当然了，毕竟不是高三，大家还是会偶尔偷点懒，比如结伴去赏赏月、护护肤什么的，也是到了文科班才发现原来男

生也可以生活得这么细腻。学着学着就走到了高中的最后一年。

高三，感谢一年的努力，我成功进入了文 A 班，但是这只是一个开始。自 8 月开学以来，我真真正正地感受到了高考的压力，大家从早晨睁开眼睛后就开始一天的学习。经常能看到有同学在食堂排队还会背单词。每一天都在努力地往脑子里塞知识，看着一天天减少的时间只能暗自感叹 24 小时过得太快了，每天晚上不得不挑灯夜战，攒下了重重的黑眼圈和眼袋。也是第一次在过年的时候还坚持学习，大年初一定了闹铃起来刷题。高三，仿佛有背不完的书，有做不完的题，却有着消耗得完的时光。300 天一晃眼就能到 3 天。我属于心理承受能力非常差的，所以在最后一个星期，我彻底崩溃了。基本上每一节课都会因为做不出题而哭泣，现在想想觉得挺可笑的，但当时就是觉得是道过不去的坎。幸运的是，我有一群好同学、好老师，和一对好父母，他们轮番上阵，给我加油，平复我的焦虑，甚至有的同学还会牺牲吃饭的时间安慰我，真的十分感动。高三确实是又苦又累，但是大家一起努力，互相帮持、互相鼓励地拼搏也是人生中不能错过的精彩。

庄子云："人生天地之间，若白驹之过却，忽然而已。"是啊，一转眼三年就这样过去了，看着校园里的银杏从嫩芽到金黄，看着小卖部里的商品日益丰富，看着学校的食堂办得越来越红火，菜也越来越好吃，看着考神猫家族迎来新的成员。看着看着，我们就到了该离开的时候。不会忘记一起拍音乐剧的心酸与快乐；不会忘记篮球比赛一起面对的难过与挑衅；不会忘记晚自习上提前 5 分钟，几乎整个班悄悄溜走去抢鸡排的兴奋与幸福；不会忘记下课争着抢老师的小心机；更不会忘记老师们勤劳的身影和眼底的乌青。短短三年留下了太多的回忆与不舍，我经常和朋友调侃，好希望高考后还可以回学校上课，好希望高考快点结束而高三可以慢点结束。大家笑笑，都知道这只能是一个美好的愿望。

感谢燕附给我了三年快乐的时光，感谢我的老师，感谢我的好朋友。在这三年里遇见你们真的是件十分幸运的事情。大家也相约一起回校看望老师，一起聚会，虽然我们未来可能生活在不同的城市，甚至是不同的国家，但是一起度过的美好时光，一起流下的辛酸的泪水还是会深深地刻在心里。再回想起来，我还是会说：我在燕化附中度过了快乐又充实的三年。

# 附中的三年

北师大燕化附中 2018 届应届毕业生 北京第二外国语学院 王智浩

离开燕附之后的每个早晨，闹钟响起的那一刻我都仿佛仍置身于宿舍中，在半梦半醒之间等待着校歌响起。但当我真正睁眼看着天花板时，清楚地意识到那些日子一去不返了，恍惚间怅然若失。虽然知道燕附会在我的成长中扮演很重要的角色，但我从未想过她带给我的影响会如此深刻，这种影响在离开之后尤为明显。

高一生活在我的记忆中已经不是那么鲜活了，但回忆时还可以抽象地感受到刚入学时的激动与惶恐不安。陌生的同学，陌生的老师，附中内的一草一木对一个新生来说都是陌生的，这种紧张惶恐伴随我度过了上半学期。在这里，我不得不提起我的高一班主任会慧老师。年轻的她遇上了同样年轻的我们，她以姐姐的身份陪伴我们走过刚入高中的过渡期。尽管期间偶有摩擦，但我依旧感谢她为我们做的一切，这对我接下来在附中的生活有着深刻影响。

相较于后两年，高一生活确实是十分轻松。大把的课余时间允许我加入各种社团，我还记得高一一年里我加入了话剧社和管乐团，都有出去比赛，并且取得了还不错的成绩。话剧社是经我们班的同学介绍加入的，当时我们排练最多的一个剧是曹禺先生的《雷雨》。后来凭借这个剧，我们夺得了燕山艺术节第一名的好成绩。管乐团也是我与同班的几个同学一起加入的。说来也巧，当时我们的负责老师在后来成了我高三的数学老师。

回想起我高一的学习情况，真可谓惨不忍睹。除了班主任的课，剩下的我几乎都是浑浑噩噩度过的，考试成绩更是一次低于一次。那时我总想着高三再努力学习，高一学不学无所谓，直到两年后我进入高三直面高考时，才明白当时的想

119

法有多幼稚。

与高一相比，高二的我明显成熟了许多。也是在这年，我遇到了城管——我的班主任程老师。城管这个称呼是历届学生给他起的外号，一开始我不太理解什么意思，后来才明白是因为程老师什么都管，大至理想院校，小至个人作息，全在她的"管辖"范围之内。这种无微不至的关心一直陪伴我走完高考，作为一种强大的精神力量充盈着我的高三生活。

如果仅仅是管得多还不足以称作城管，管得严也是她的一大特色。城管不容忍迟到，而我几乎天天迟到。原因很多，比如宿舍起晚了，又或者早饭吃慢了。可惜城管不听解释，又或者是听腻了，她的回答永远简单干脆——罚值日。于是值日表对我来说成了一纸空文，因为我永远都有值日可做，被罚的值日累计起来估计我再读一轮高三都做不完。

高三这一年来得很快，很突然，还在想着什么作业没交的我一下子就直面高考了，同班的同学也突然开始爱学习了。后来我才明白我进入状态要比同班同学晚了许多，虽然程老师好几次把我叫出去谈话，可我始终没有那种高考临近的紧张感。但当我的同学都在努力备考时，我也不自觉地开始努力起来。于是睡眠时间日渐减少，作业日益增多，压力渐渐变大。为了减压我爱上了在晚上跑步，这确实对我调整心态起到了很大帮助。

除了累点，忙点，我没觉得高三有什么不同。但高考前一个月左右，我发现再看燕附的一草一木，感觉有些不同了，看朝夕相处的同学老师也有些不同了。这种感觉很奇怪，似乎是察觉到快要离开这些熟悉的一切，我开始注重去观察，去体验在燕附的生活。我看着这片生活了三年的土地，并没有太多往日回忆的片段涌现，只是单纯地感到一种眷恋。

当我真正感到紧张，开始找老师问题、做题，尽力弥补自己的漏洞时，高考突然就来了。进考场的一刻我依然有很多漏洞，有很多不会的，但我知道尽力去答就好。在英语考试收卷铃响的一刻，我没有去想考试如何，反而因高中三年就这么结束了而感到难以置信。

今天的我已经不能随意进入燕附了。没了高考的压力，但也失去了人在学校的乐趣。听过很多毕业了的学长说过毕业后对燕附的想念，直到自己毕业后才真正有体会。曾经的我跟门卫纠缠半天只为能出燕附一分钟，今天的我却希望能有机会再去燕附待一会儿。

我在燕附的成长不能说有多么精彩，如何不凡，却让我难以忘怀。她对我来说不仅仅是为了高考而学习知识的场所，更是我人生历程的一段路。我也希望燕附对于她今后的每个学生来说不仅仅是所学校，更是人生中的一段美好回忆。

# 在燕附中成长

✎ 北师大燕化附中 2018 届应届毕业生 首都师范大学 张可欣

　　高中入学时，我曾问过自己：高中三年，我应用怎样的姿态度过？是积极，是张扬，是叛逆？回过头来，无论我怎样选择，在燕附中的这三年，本就是个在奋斗中成长的过程。

　　俞敏洪说过一番小草大树论："人的生活方式有两种，第一种是像草一样活着：再成长，你还是长不大，人们可以踩过你，不会产生痛苦，因为人们本身就没有看到你，所以，我们每一个人都应该像树一样成长。即使我们现在什么都不是，但是只要你有树的种子，即使你被踩到泥土中间，你依然能够吸收泥土的养分。你也许两年三年长不大，但是十年、八年、二十年你一定能长成参天大树。树，活着是美丽的风景，死了依然是栋梁之材。活着死了都有用。"走在高三这条有点颠簸的道路上，我从不幻想一飞冲天，只求比昨天的自己多收获一些知识或阅历。在燕附的三年，我一直都是一颗有梦想的树种，怀揣着长成一棵参天大树的梦。我常常告诉自己，虽然高中很苦很累，但决不能让自己消极麻木，因为我要享受这次旅行，不辜负这三年时光。不论是被风雨模糊了前行的方向，抑或被寒风刮破皮肤，我依然目光炯炯，自信目标就在前方。

　　在这成长之路上，是老师为我们这些稚嫩的树种排开铅云，洒下甘霖。这漫长的三年中，她们随时静候，耐心回答我们的每个问题，牵挂我们的每次成绩。正是这群兢兢业业的老师，让我们在每个知识点的学习、回顾中精益求精；也是这群老师，从不放弃我们每一个人，是我们迷茫无助时的引路人。

　　高考是一场长跑，需要耐力与信心。每天，我们把思维浸泡在大事年表中，把心灵包裹在几何图形里。为了提高一两分，翻烂了笔记本，用尽了脑细胞。那些伏案苦读的夜晚，那些大大小小的考试，也成了一种别样的风景。高三的经历

让我明白，我们的心脏比我们想象的更加强大，在沮丧无助时，在困顿不前时，在困乏无力时，内心的强大的部分就会闪耀光辉。

我非常庆幸自己不是孤军奋战。我有一群志同道合的朋友，他们给了我成长的压力，给了我鼓励与慰藉，我们在竞争中惺惺相惜。诚然，一骑绝尘的孤勇能在高考之路上走得很快，但只有万马奔腾才能支撑整体走得更远。我在一个只有十几人的小班级里，高考之前，大家互相帮助，共同提高，高考后，我们的友谊依旧长存，联系依旧紧密。有这样一群结交并知心的同学，十分荣幸。

高中三年，是人生中最值得珍惜的经历。我在燕附中成长，在燕附中蜕变。

愿每一位燕附学子都能在忙碌中学会充实，在逆境中寻找坦然，在困难里不断超越。

# 在遗忘的末端清晰地想念

北师大燕化附中 2018 届应届毕业生 首都经济贸易大学 张千一

此刻，我陷入了回忆。从头开始，再忆往昔，每日每夜，一点一滴。

时间以沉默之姿走过，将事物镀上了难以言说的光辉。在燕附的生活渐渐远去，每一个当时也稍纵即逝。但这之中也有一些记忆犹新的，比如每天清晨趴在楼梯上迎接我们上学的白猫；又比如每周食堂三楼的宫保鸡丁盖饭；再比如追梦过程中仰望星空的快乐与脚踏实地的艰辛。

踏进燕附校园，踏进一个新的世界，对于中考失利的自己是一个新的开始。燕附为我们提供了良好的环境，帮助我们接近梦想。高一时老师主张我们张扬个性，帮助我们点燃梦想。在老师的鼓励下我们多读课外书开阔了眼界，完成各种充满趣味的作业，我们的学习不再枯燥无味。虽然积极参与社团和学校组织的各项活动有时会占用课余娱乐时间，使我们更加忙碌，但在这个过程中，我们得以充分地挖掘自己所喜爱的事物及发觉各自所擅长的领域，我们乐在其中。渐渐地，我们欠成熟的思想中也有了对于未来的更多憧憬，头脑中也有了梦想的轮廓。我们会忽然意识到自己变得更加独立自由了，真切地意识到：梦想天空分外蓝，未来由我们自己所掌控。于是，在每个班光荣榜的照片下，出现了各种各样却不尽相同的理想大学和专业。在追寻梦想的道路上，我们，已然启程上路。

每个心怀梦想的人都在低头走路。我们为了梦想，或选择文科或选择理科。在老师的指导下克服自己对于环境的不适应，努力打好薄弱学科的基础，坚守梦想，砥砺前行。而追寻梦想的道路是曲折的，高三一年更是难以忘怀。于我而言，心态是高三的一大难关。尽管自己一直在努力，却仍旧抑制不住成绩的波动。一次次考试否定了之前的努力，一次次考试打击着自己的自信和学习积极性，一次次考试都是希望落空、无奈与无助交替着。而自己深知不能因情绪耽误了学习的时间，又想尽办法尽快调整，重新投入学习中去。就这样，每天的心情跌宕起伏。在这背后，细心的班主任都一一发觉了。每每在伤心难过之时，她都会用温柔的话语帮助我调整心态并给予鼓励。每每在踟蹰迷惘之际，她会帮助我分析学习中需要改进之处并帮我制定目标，为我指明前进方向。在这段时间，语文老师给予开导，使我懂得"自信人生二百年，会当激流三千里"；数学老师对我表现出的放心也使我信心倍增；英语老师教我更加乐观地对待自己的得失；历史、地理老师关注我知识点上的小错误，帮助我查缺补漏……这一年里我真真切切地体会到了更多的关爱，在一次次哭泣中慢慢变得更耐打击，在一次次挫折后跌跌撞撞地成长。在老师的帮助下，我逐渐巩固了自己不牢固的知识点，逐渐懂得了更加科学的学习方法，逐渐学会了以更好的心态面对大考小考，逐渐有了学习的进步，逐渐练就内心的强大。

高三这一年的学习也离不开班级的同学，乐观而友好的每个人都为建立良好的学习氛围做出了贡献。每当想到这些同学，我都会为曾经的付出感到高兴。正是因昨日努力奋斗，才遇到了今日最好的同学。教室中我们相互帮助，想要并进；宿舍里我们互相安慰，摆脱负面情绪。同时也是受这些同学影响，我才有了更加广阔的胸襟、眼界和格局，由重视小我到关注大我。我所收获的不仅有更多的知识，更科学的学习技巧，还有内心的提升及最为珍贵的友谊。或许未来的某一天，再次回忆起来难免还会发呆傻笑，或是感叹唏嘘。轻轻的风，青青的梦；淡淡的云，淡淡的泪，淡淡的年年岁岁。青春是一场相逢，怕是再也忘不掉了。

愿每一位燕附学子学习进步，快乐成长。收获最珍贵的友情，遇见更优秀的自己。

# 我在燕附的三年

北师大燕化附中 2018 届应届毕业生 中国政法大学 赵云怡

在燕附三年时光就这样过去了，像一场梦一样。回首自己这三年，有成长，有快乐，有遗憾……刚入学的我，对燕附充满了憧憬与好奇。我很快便融入这里，每天的生活其实是单调重复的，但因为有了同学们，便多了许多的乐趣。

高二，文理分科，我选择了文科，来到了一个新的班级，看到了许多陌生的面孔。我开始了高二一年的生活。文科的学习比高一来说更加难了，但老师总对我们说，这还不算什么，高三才难呢！怀着对高三的期待，我就这样进入了高三。

进入高三之后，我们面临的是复习。高三的题，难度一下就加大了，感觉和高一、高二是完全不同的两个学科一样。而且，高三的学习时间明显加长，连周日都安排上了晚自习。刚开始，我觉得非常不习惯，但充实的生活慢慢地让我忘记了疲惫，每一天像陀螺一样旋转着，忙碌着，奔跑着。

最终迎来了高考，高考结束时的铃声响起，我们等着收卷，然后起身，向教室外走去。老师跟我们说："恭喜你们得到了解放！"我走出去，加入那不断涌出的人流之中。看着周围亲爱的同学们，想起了我们一起上课，一起订外卖，一起研究题目，一起跑步，一起开怀大笑，那些时光片段太耀眼了，在发光。

高中三年，我们携手搀扶相伴走过，我们之间的情谊愈加深厚。高中三年，我收获的不仅仅是知识，还有朋友和无数美好的回忆。都说高中是人生成长中一个很重要的阶段，是人生观、世界观、价值观形成的重要阶段。确实，在这里有着大家的陪伴，老师的谆谆教诲，我很好地成长了。

我要感谢教过我的所有的老师，谢谢你们教会了我太多，不只是知识，还有许多人生的道理。在告别时您对我说的话，在接下来的人生路上，会成为我的力量源泉。

我要感谢我亲爱的同学们，谢谢你们给了我美好的三年回忆，与你们相处的每一天都是开心的，快乐的。我会很骄傲地对别人说，我高中三年遇到了一群棒得不得了的人！

最后，我要感谢燕附，这是我梦想开始的地方，这个地方让我又爱又恨，许多次想着要逃离这里，但是等到真的离开时，回头望一眼，那雕塑，那楼梯，那教室，那操场全都在闪着光，像珍宝，熠熠生辉。

这段时光永不会老，在燕附的这三年，真的是，太美好了！

# 北师大燕化附中——成长的引路人

✎ 北师大燕化附中 2018 届应届毕业生 北方工业大学—北京邮电大学双培 吴梓函

　　三年来，弹指之间，在附中的生活历历在目。是她，伴我从蒙昧走向睿智，也是她，指引稚嫩的我敲开成熟的门。

　　步入高中之时，会慧姐成了我的班主任。她是一位热爱阅读、幽默风趣的老师，她的课堂无时无刻不充溢着欢畅的笑声。开学之前的军训，她对身体不佳的同学关切的问候和细心的照顾使我对她无比尊敬。而后在学校的生活中，她耐心地为我们解答学习、生活上的问题，尤其教会了我"效率"这二字，成了我生活的"益友"。

　　高一的招生会上，附中五花八门的社团映入我的眼帘，从中我选择了感兴趣的话剧社和管乐团。话剧社的学姐认真负责，她协助学校请来的老师为我们排练一出出精彩好戏，其中《雷雨》还在我们一遍遍排练、一次次修改下获得区里一等奖。管乐团是当时学校刚刚创建的，但请来的老师都非常出色。每次比赛前，我们要排练到放学后几个小时，那些披星戴月的日子虽然辛苦，但我们脸上幸福的笑容却是发自内心的。

　　高二分班，张老师成了我的班主任，她教学态度严谨、严厉，让我们时刻对她充满敬意。因她有着和蔼的笑容和一颗不老的心，我们都亲切地称她玲姐。在她的谆谆教诲下，如株株嫩苗的我们，成长为茂密的树林。也是她教导我们团结，我们才从陌路相逢，到打成一片，最后成为北京市优秀班集体。

　　那年，学校开展了机器人社团，一向热爱科技的我满腔热忱地投入进去。每周的机器人课上，老师为我们讲解编程语言和机器人拼装，那是我高中最幸福的事之一。而当我听到参加全国比赛的时候，激动的心久久不能平静。那几个月，我和同学同心协力，在准备比赛的同时增进自己的知识储备，闯过道道难关，最终在全国比赛中获得了二等奖。那时我觉得我所付出的一切都值得了。

　　高中三年，每年的运动会都让我记忆犹新。高一，为了备战 1500 米，比赛前一个月操场上总有我奔跑的身影。经过不断挑战自己的极限，我的体格逐渐增强，速度和持久力也得到了提升，最终在比赛中获得季军。那一个月的奔跑，为我这三年对锻炼的热爱打下了基础。而最让我久久不能忘却的，是运动场上的体育老师和负责组织的同学们，有了他们的共同努力才有了运动员们的努力拼搏的环境。

　　时光飞逝，到了高三的时候，同学们埋头苦学，不再嬉笑打闹，我却久久不能进入状态。张老师对我的提点，和同学们热情的帮助，使我重新拾起了信心。和卷子做伴的每一天虽然乏味，但信心与考试高分的成功一直伴我左右。这一年，对于每个人来说都是痛苦的。但痛苦过后，是无比甘甜的滋味。

　　知道被录取的时候，我的心提到了嗓子眼，打开网站那一刻，感到了从未有过的激动。我被北方工业大学的提前批录取了，这意味着大学前三年我能在北邮继续我的学习与生活。

　　高中三年生活到此为止，我要为接下来的生活续写新的篇章。这三年，我永远忘不了的，是平凡却鞠躬尽瘁的老师；是普通却肝胆相照的友情；是简单然包罗万象的学校。

　　风风雨雨三年，附中不仅是我学习的场所，更是引导我成长的导师，希望将来有更多的同学，从附中凯旋。

# 青葱岁月——成长在附中

北师大燕化附中 2018 届应届毕业生 北京理工大学双培 牛英琪

写这篇文章时，三年时光已如白驹过隙般流逝，在附中的一幕幕生活又从我的脑海中浮现。

犹记得高一入学，胆小和文静让我坐在在众多新面孔之间不知所措，而我的班主任赵老师和同学们彻底改变了我。高一这年她如春风般温暖的笑容渐渐融化了我有些冷淡的心，同学们无私的帮助也让我热泪盈眶。在他们的帮助下，我成长为一个坚强、对自己充满信心的女孩。

在学习上，高一突然增加的学科和难度让本来成绩平常的我有些吃不消，而每当我想放弃的时候，老师们的激励让我重整旗鼓，尽自己最大的努力追逐梦想。高一的生活是幸福且辛苦的。正是这些辛苦，为我接下来的学习打下了良好的基础。没有附中默默无闻却无时无刻不鞠躬尽瘁的老师们，我也无法"积跬步，至千里"了。

说起附中，丰富的社团生活是不得不提的了。我从小对音乐感兴趣，所以乐队招生的时候，我满腔热忱地投入了进去，担任贝斯手。每周的活动中，我不敢说演奏最好的是我，但最努力的人中，一定有我。每次登台演出的时候，我担任的角色并不起眼，但我一定尽自己最大努力完成表演。

步入高二，随着年龄的增长，学业和生活上的压力也越来越大。而我的新班主任张老师帮我度过了这一段艰难的日子。她表面上严厉，实际对我们关怀备至。学习上，她是我的良师；生活上，她是我的益友。她教导我们团结，从一棵棵树苗，渐渐枝叶相接，连成一片森林。

运动会是附中每年重要的活动之一。每年运动会，我都尝试着报不同的项目，增加我技能的同时，也让我充分体会到运动带来的乐趣。每一次比赛，成绩无论好坏，都让我深刻地了解为自己拼搏是一件多么幸福的事。

转眼间，高三，这个我曾无法想象的现实摆在我面前。这一年很艰苦，不必说那堆积如山的书本，也不必说映在窗前那笃学不倦的身姿，更不必说每天三点一线的生活是何等的枯燥无味，单是永远也做不完的作业和试卷就足以让人刻骨铭心。不过，高三生活虽苦，但苦中有乐。人常说，艰苦的环境，更能激发人努力向上，培养学习的兴趣，有时在题海里遨游，以求知为目的，也是一种美的享受。

高考奋战两天后，我带着高中结束的喜悦和惋惜以及对未来大学的紧张走出考场，直到得知自己被录取后，那份紧张才烟消云散。北方工业大学的提前批，这意味着我可以去北理工深造三年，北工大虽只是一个普通的学校，但已承载了我高中三年的努力所得，无论高考如何，只要自己拼过，一切都是值得的。

岁月流逝，我们一天天成长，炎炎夏季，最终到了离别的时刻。三年的点点滴滴仿佛在这一瞬间冲入我的脑海，这里的老师和同学们，是值得我铭记一辈子的人。附中的学子啊，请你们为身在附中而骄傲吧！

# 我在燕附成长

📝 北师大燕化附中 2018 届应届毕业生 华北科技学院 王禹南

一眨眼，我已经在燕附学习了三年。现如今，我已经是一名毕业生了。三年时光转瞬即逝。起初懵懂的我来到这个大家庭后，学到了许多知识，认识了众多同学。

在这三年的时间里，我充分地积累了知识。老师上课时总是把要考的知识点讲得面面俱到，遇到比较难理解的地方，会竭尽所能、一遍又一遍地帮我们巩固。这使得我们在考场上，遇到难题也不会慌张，回想老师讲的每一个知识点，总能找到问题的突破口。课余时间，同学之间互帮互助。每次进到班级，我都会被浓厚的学习氛围所感染，不由自主地加入其中。同学之间解决不了的问题，就去找老师。现如今我还记得老师办公室里围满学生的情景。

高三这一年，学生累，老师比我们更累。同学们每天巩固练习，做着一套又一套的卷子，煎熬的过程只是为了加深对知识点的记忆，熟练后便能达到一种驾轻就熟的感觉。老师的煎熬与我们截然不同，他们每天要判大量的卷子，还要时刻陪在我们身边，为我们讲解遇到的难题。晚上备课有时更是到了深夜才结束。我对语文老师尤为印象深刻。因为我语文不好，所以在高三下学期时，老师给我布置了一项任务，每天做一篇诗歌鉴赏或者文言文阅读。从那以后，无论作业写到多晚，我都会做一篇额外的作业。每次发给老师，老师都会给我发一个鼓励的表情。老师总会对我说，有什么不会的问题，要及时去问她，她可能有时候不在，我就提前约个时间，她可以在办公室等着我。通过这一点一滴的成长，我的语文成绩取得了突飞猛进的进步。

提到老师，就不得不提我高中三年的班主任，张老师。因为家远，从高一刚开学，老师就一直帮助我。张老师不仅在学习上，在日常生活上对我们也是百般帮助。不过张老师对我们每一个人都很严格，她总说日常的小事做好了，学习也不会差。最终我们获得了北京市优秀班集体的荣誉。我相信这是我们每一个人共同努力的结果，更是我们对张老师的回报。记得以前每周最怕的就是没有得到小红旗，要是不得，周一班会老师又要训我们了。高中三年很幸运能遇到这么好的班主任，就连出差在外也记得给我们带礼物的老师。

我从高一开始就在校住宿了。这是我第一次独自在外面生活，学校的宿管对我们都很好，也很负责任。和我一起住宿的同学都很开朗，好像在宿舍又有了一个小家的感觉。谁有什么事都会互相帮助，学习上有什么问题大家也都会互相讨论。虽然有的不在一个班，但一起住久了好像比在一个班还亲。宿舍每周都要评分，所以我们每周都要做一次大扫除，唯一遗憾的就是我们宿舍没有被评为优秀宿舍。三年时间换了三次舍友，每次的性格都不相同，但大家总能融洽在一起。

班里同学因为高二分班换了一些，那些从高一一起到高三的，就感觉特别亲。同时又认识了许多新的同学，有些甚至让我有一种相见恨晚的感觉。高三的时候，每周最开心的就是那两节仅剩的体育课，我喜欢打羽毛球，就和同学一起去羽毛球馆打球，也算是在紧张的学习之余的一种放松吧。我在班里学习不算好的，所以我总会问大家一些问题，他们都能一点一点给我讲。我要不懂他们就又给我讲一遍。有的时候上课会犯困，同桌就会及时把我叫起来。放寒暑假的时候，我们也会约着几个人一起去密室，一起吃比格，一起去南锣。

三年的学习时光，带给了我对这个学校的无限回忆。希望在燕附学习的学弟学妹们，胸怀大志，金榜题名！

# 我在燕附成长

北师大燕化附中 2018 届应届毕业生 北京建筑大学 杨安琪

在燕附的三年，是我到现在为止最有意义的时光，也或许将是我此生最难忘的一段日子。而最难忘的日子中让我最刻骨铭心的考试不是高考，而是体育会考。

高一是我贫血最严重的时候，跑不了几步就要喘上半天。跟普通人相比我当时的体力非常不好，虽然每天都吃着亚铁片，喝着浓缩枣汁，但血色素并非一朝一夕就能补上来的，因此我高一时经常缺席冬季长跑，又或者别人跑两三圈，而我跑一圈就不行了。在刚开学时体育老师就提到过体育会考的事情，因为我的体力不行，她也单独跟我说过，让我尽可能地把血补上，体力练上去，不然无法过体育会考，但当时我并未重视这件事。

即将升入高二时，由于我的血色素渐渐补上来了，体力变得越来越好。可这时，我被选为下任广播站站长，每天上下操都待在广播室里，连基本的日常活动都不参与了。

高二时，我正式接手广播站，每天更是足不出户。但是由于血色素的逐渐增加，我还是能够感受到体力在逐渐变好。我每天的活动量仅限于做操途中的上下楼梯。当别人做操时，我就在广播站的小屋子里面看着他们做，心中还沾沾自喜，以为自己不用做操多好似的。到了冬天，我每天在广播站的屋子里，看着他们跑两圈、跑三圈，累得气喘吁吁，还得意地想：幸好我不用跑。当时我恰好被北京市体育健康水平抽测抽到，由于平时从来不运动，那次的 800 米跑我几乎是走下来的，跑不了几步就得停下来喘半天。那次 800 米，我跑了六分半钟。成绩出来后被贴到了教学楼一楼，班主任玲姐路过看到了我的成绩，担心起了我的体考；体育老师也把我叫去让我努力练习，不然体考过不了，毕不了业。两个老师的担心让我也有些慌张，我便想尝试跟着他们一起跑步。但我还没来得及开始，冬季长跑便已经结束了，这件事情就又被我抛到了脑后。

上了高三，学业变得更加紧张。老师突然提起体育会考就在第二年的四月份了。我心里忐忑不安，非常后悔自己前两年没有好好练习，不知道如何才能在这么短的时间内把跑步的速度提高那么多。老师也知道我的烦恼，特意跟我说："从现在开始练习，没问题的。"

为了顺利通过体育会考，我利用每天晚自习前的一段时间在操场上跑步。一开始我的跑步速度就像走路似的，我知道一直以这种速度跑是没有效果的，于是我每天要求自己快一点，随着日子一天天过去，加上老师不时地教我一些跑步技巧，我的跑步速度快了很多。

很快，冬天到了，我们开始了为期四个月的冬季长跑。在开始之前，我心中十分忐忑，因为不知道自己能否跟上大家的跑步速度。刚开始跑是两圈，第一圈时我还感到比较轻松，可第二圈起我就使劲地喘气，脚像灌了铅一样难以抬起，心脏"怦怦"地快要跳出来似的。玲姐跑到我身边说："坚持住啊，很快就到了。"我咬紧牙关，努力地跟着队伍，300米，200米，100米……终点离我越来越近，我心中默念着玲姐的话："坚持！坚持！坚持……"到了！我停了下来，像疯了似的喘气，心脏有一种负荷过重的疼痛感。玲姐又来到我的身边说："这不是可以吗！只要坚持，你一定能办到的！以后都要像今天一样，会考没问题的！"

跑步的痛苦让我非常后悔当时没有重视这件事，没有提前为会考付出努力，只能在这么短的时间里经受更大的痛苦来达到要求。老师的话却又给予我希望，让我变得坚定。

日子一天天过去，我每天都跟着队伍一起跑，从一次两圈逐渐增加到三圈，跑步时却越来越轻松了。玲姐每天跟着队伍一起跑更是给了我信念：坚持下去，我肯定可以的！

三个月过后的一节体育课上，我决定正经地跑一个800米，看看我能不能跑及格。我的两个好朋友为了鼓励我，主动要陪我跑。与冬季长跑第一天相似的历程，可能是由于我从未跑过这么快，但我确实做到了：四分八秒，我及格了。体育老师过来问我用了多久，她说她没想到我能跑那么快，我超越了她的期望，她认可了我的努力。回到教学楼，我兴奋地告诉玲姐这个好消息，她向我竖起了大拇指：真棒。我很高兴我的努力被大家认可，也确信了坚持真的可以获得成功。

体考这天终于到来了，我怀着激动的心情在烈日下坐了半天。终于轮到我了，这组的同学我基本都认识，这让我放松了很多，但心脏仍然"怦怦"地跳得厉害。第一项是篮球，是我的强项，我轻松地满分了。接下来是仰卧起坐，虽然有些艰难，但也及格了。最后，也是最难的跑步还是到来了，站在起跑线上，我的脑子里嗡嗡的，紧张得快要窒息。最后，我的脑中只剩下一句话：你可以的。

开始跑了，我不知道大家跑步都这么快的，很快我就成了最后一个。心脏的疼痛感，腿部的酸痛感和急促的喘息声让我越发迷茫，一圈过后我和倒数第二名已经差了二三十米。就当我快要放弃时，我听到了旁边看台上同学们的加油声，他们喊着我的名字，让我坚持下来。我又想起了玲姐的话，体育老师的话，同学们鼓励的目光……我忍受着这些痛苦，这都不算什么，我绝不能让这段时间的努力白白浪费。我坚定地迈着更大的步子向前跑去，倒数第二名跑得越来越慢了，我与她的距离越来越近，十米，五米，一米……我咬着牙，从她身边超过。离终点也近了！还差三步，两步，一步！终于，我到终点了！我跑出了我前所未有的好成绩：三分五十二秒，我中考体考时都没跑这么快。我终于不负我的努力，坚持了下来。

这只是我高中生活的一个小插曲，却让我懂得了很多：对于已知的事要提前准备，不能临阵磨枪；做事要坚持到底，不能半途而废；要坚定信念，绝不能让自己的努力付诸东流……可能多年后，我会忘记高中生活的很多细节，却不会忘记这件事。因为，这是我在燕附成长的印记。

# 我在燕附成长

📝 北师大燕化附中 2018 届应届毕业生 北京信息科技大学双培 杨森

不知不觉间，已在燕附生活了三年，刚入学的场景仿佛是昨天一样。虽然时间已经流逝，但往事依旧历历在目。

光阴似箭，日月如梭。在附中的日子过得飞快。在这个温暖的大家庭中，我感受到了老师的关心，同学之间的团结与友情。在这三年中，我们从陌生到熟悉，从不稳重到成熟，昔日的朝夕相处使我们在毕业时难舍难分。学校不仅让我们获得了知识，也让我们学到了处理问题时的解决措施。这些都是为了让我们能更好地适应社会生活。

高一的时候，当我第一次申请团支书这个职位的时候，紧张到连名字都读错。这是我第一次在高中接触到团组织，同时也感受到了这个职务的责任之大。在这三年里，我由一个什么都不懂的新人变为一个可以独立处理问题的老人，我的办事能力稳步提升，这得益于附中良好的环境，使得我能从容地应对问题，不会如先前一般慌张与莽撞。

高二的大分班对于我来说也是个挑战。于是在高一下半学期，我便开始努力。我给自己的要求不高也不低，在保证留在重点班的前提下向科技班努力。可能我努力得不够，没能进科技班，幸运的是高二大分班之后的班主任还是原来的班主任。这是我最开心的了！因为我们班主任张老师是我认为全年级最好的班主任。相比其他老师，张老师很严格，经常很早就到教室门口监督迟到问题。这使得我们班每个星期都能拿上红旗，并在高三时被评为市级优秀班集体。这些对我们来说是一种肯定与鼓励。当然，这些都离不开张老师对我们的谆谆教导，这就是所谓的严师出高徒吧。

后来就升上了高三。在这紧张的一年里，对于老师和学生都是一种考验。每个人都在为自己的理想奋斗着。这是一种煎熬。每天的日常就是刷题、讲题、再刷题。枯燥又乏味，却没有人抱怨。因为高考是人生的一个转折点，付出的努力都是为了能在高考这一战役中赢得胜利。

老师们在这一年里，尽可能地把各种答题技巧传授给我们。他们竭尽所能地给我们讲解题目，为我们总结各个知识点，为的是让我们能在高考之中取得更好的成绩。可以说，他们并不比我们轻松，甚至可能更累。他们也希望我们能考上自己理想的大学，能选择自己喜欢的职业。所以我们也希望能用自己的成绩来回报老师这份辛勤付出。

在高三的时候，当发现自己的知识漏洞越来越多时，我的内心是恐慌的，担心自己会在高考中被淘汰。但是在老师的系统复习及查漏补缺的过程中，我感觉到自己的知识漏洞渐渐被填补上，也越来越自信能在高考之中大展身手。每个老师都给予了我帮助，使我能在考场上尽可能地发挥出自己的水平。对于英语这门让我头疼的学科，我经常选择去找老师给我讲解问题，尤其是虚拟语气，我基本是十题九错。但英语老师一次又一次地给我讲，还搭配着典型例题划分句子结构给我讲，使我后来对于这种题得心应手，不再是听天由命。生物也是我的一道坎儿。我所答的生物大题通常是放眼望去，一片狼藉。相同知识点我能错好几回。加上我又懒，不愿意背书。但是看到我的生物成绩，我破天荒地整理了错题本，也经常背知识点了。最后高考时我的生物成绩也没太惨。

心理素质是能左右高考这场艰巨的战役的重要因素。多少英雄因心理问题铩羽而归，考前焦虑更是普遍现象。故此，学校为我们开设了心理辅导课，有心理老师帮我们调节情绪。我的内心平静下来，能在考场上沉着应对，临危不惧。

或许真的高考完了，经历了一次考前备战的紧张，考完后的如释重负，人生才算得圆满。这真的是一个坎坷又曲折的过程，但又回味无穷。高中三年的生活，是一种成长，是我所走过的足迹。有着欢乐也有着痛苦，却是丰富多彩让人难以割舍的一段回忆。所认识的人、所经历的事、所得的感悟，都是我获得的一笔财富。

高考的结果并不重要，重要的是你为之努力的过程，这才是最宝贵的。想起那段紧张又焦虑的日子，也是一种快乐。

最后，祝学弟学妹们都能在高考中获得好成绩，考上自己的理想大学！

# 我在燕附成长

北师大燕化附中 2018 届应届毕业生 北京第二外国语学院 张浩海

如今作为毕业生的我，十分感谢燕化附中。在燕附这个大家庭中，我不仅学到了知识，考入了理想的大学。同时，也收获了真挚的友谊，和没有遗憾的青葱岁月。

虽然转眼已经过去三年了，但初到燕附的一幕幕还记忆犹新。中考失利后，我整个人很没有自信。在新的班级中，面对陌生人不敢开口。我立刻感受到，融入这个集体并非易事。经过几天简单的入学教育，就去军训了。军训真的很艰苦。虽然身边的人都还不熟悉，但全班同学在烈日之下全力喊出的班级口号让我知道，我们就是一个集体，一个团结的、坚不可摧的集体！

正式开学后，我带着不一样的心情开始了高中生活。认识新同学是一件有意思的事。通过朝夕相处，彼此之间的了解逐渐加深。每个人都有了自己的朋友，当然我也有。跟大家熟起来以后，我变得开朗很多。我其实很爱说也很能说，但仅限于在熟人面前。高一没有会考的压力，也没有高考的压力，我们完全是放松的状态。比起初四面对中考的压力，简直太轻松了。虽然放松，但不马虎，我的成绩在班级中名列前茅。很快一学期结束了，学校组织了西安游学。我并没有参加，事后也觉得非常可惜。于是我参加了下一次的内蒙古游学。由于临时改的路线，食宿并不十分理想，但和班级里的朋友们一起去，还是有很多乐趣的。照了许多照片留念，现在还在手机里存着。高一就在这次游学后结束了。

高二文理分班，班级成员几乎换了一半。很多同学又是陌生的了。但我不像高一时那样放不开了。我会主动找新同学聊天，这就是一年来的成长吧，比之前更大方了。我其实并不十分擅长理科的学习，所以担心成绩会有所下降。我开始

139

把更多心思花费在学习上，主动与身边的人讨论题目，渐渐地喜欢上了这种学习氛围。期中考试过后，我的成绩甚至提高了好几名。很快一学期结束了，我们又去了厦门。厦门是我几次游学中最最快乐的一次。厦门的生活，比内蒙古更闲适。第一天就参观了厦门大学，好大学真的各方面条件都好啊！食堂里都是自助餐，价钱还很便宜。嗯，我以后也要上一个好大学。到了晚上我们几个人挤在一张床上看了恐怖片，超级吓人，不敢回自己房间，三个人挤了两张床，但睡得很踏实。接下来的几天，我们六七个人一起结伴而行，相互照应。到了晚上叫外卖吃炸鸡，给其中一人过了很难忘的生日！想想已经过去快两年了，时间过得真快。那次旅行，真的感觉到身边的朋友都是最好的。虽然每个人都不是完美的，但组合到一起时，这个小团体就是完美的！经过短短四天的相处，我似乎感受到了从未有过的深刻友谊。直到现在我们也是好朋友，将来也会是！

高二下学期的生活紧张了起来，既有会考的压力，还有即将步入高三的惶恐。班级里多数人都很浮躁，学习氛围并不是很好。然而总有些人是沉得住气的。一个女同学，长期居于班级第一，我们也是好朋友。身边的几个人都追随着她，一起努力学习。练习册刷刷刷，错题改改改。每天忙得焦头烂额，睡得却很踏实。期末过后，虽然还不知道成绩，却不觉得慌张。最后成绩出来果然创下新高。努力就是有所收获。最后一次游学去了大连。人少了很多但依旧开心。大连的天气真的热，阳光的暴晒加上海水的咸味，令人难以忍受。我们只能涂着防晒霜，勉强坚持着。室内还是很凉快的。在大连不仅住了格林豪泰，还住了别墅，哈哈哈，不一样的享受。虽然每天都换住处，但丝毫不影响我们晚上玩到半夜。那次游学，我帮助老师组织集合数人，虽然费点心，但自己能帮到忙就感觉很高兴。

转眼就进入了高三生活。高三是很艰难的一年。不仅难在学习的艰苦，更难在承受高考的压力。所有人每天都在拼命地学习，晚上奋斗到凌晨似乎成了常事。作业多、难度大、放学晚，这几乎令所有人崩溃。晚上的晚睡导致白天困倦、效率低下。请病假的人也越来越多。大家都在坚持着，我也是。但我状态不是很好，尤其一模前，成绩一出来创下了高中以来最低。身边也有人是这样。我们只能相互帮助，一起更加努力。早上早起一会儿去做一套英语阅读，白天抱着各科的五三不撒手，坚持了一个月，终于二模有所起色，也重拾自信了。一模过后那段日子，体育会考也令很多人头疼。我也很头疼。一直不打篮球的我只靠几次突击练习勉强三步上篮拿到了满分。这是惊喜，然而实心球却发挥得不好。这给我的 1000 米带来很大压力。以我以往的成绩，拿到优秀是不可能的了。可我想拼一把！我从开始就跟着前面的同学跑，不让自己落下。跑到双臂麻木，双腿酸痛，也不曾放弃。最后真的如愿以偿拿到了优秀。这对于缺少运动的我来说，已经是天大的惊喜了。那时候真的不知道哪来的一股劲，很感谢自己的坚持。

越临近高考，日子越艰难。这是大家都有所体会的。压力是最难承受的。那段时间，调整好状态、稳住成绩就是最好的结果了。我也在努力。每天做卷子、讲卷子、改卷子，回家还要写作业。真的累，但没时间去想放弃。今天回过头看，挺佩服当初的自己，就那么一天天扛下来了。最后的结果也是满意的。

马上就要进入大学生活，回忆起高中生活，一切都那么美好。感谢燕附，也感谢三年来的自己。燕附学子的未来，有着无限可能！

# 我在燕附的日子

北师大燕化附中 2018 届应届毕业生 南开大学 王心语

2015 年的 9 月，我第一次踏进北师大燕化附中的校门，那时候的我，迷茫又憧憬，作为第 5 届燕附的藏生学子。

2018 年的 6 月，我最后一次踏出北师大燕化附中的校门，那时候的我，激动又不舍，作为 2018 届燕附的毕业生。

初来乍到的时候，在那个深秋，爬山虎还是黄色的。后来爬山虎绿了又变成黄色，又变成绿色，再后来，我们毕业了。还记得，在 6 月 8 日那天我放下手中的笔，盖上盖子，整理好试卷，我知道我要和这个学校告别了。

在燕附的这三年里，我学会了成长，学会了坚强，学会了独立。

在第一次考试的失败中，我知道，无论我们经历什么，总有一天我们不再是最完美的，我们总会有失败的一天。因为我们在成长，在成长路上有无数的挫折与磨难，只要我们坚持下去，我们一定可以。在这条路上我一直走了三年，在这三年里。无数次的失败，无数次的挫折，无数次的估计。我知道只有坚持下去才能变得更加强大。

在这三年了，离家乡远，离父母亲人远。我知道一个人在外，要学会坚强，学会独立。无论发生什么，我们要用自己最乐观的一面去面对亲人、朋友，不要让他们担心我们。因为，我们是他们心上的一根弦。我们的伤心就相当于这根弦断了，让他们在千里之外还要牵肠挂肚。我也懂了那句"儿在外报喜不报忧"的真正含义。

回首三年，年级部的老师不断在教学楼里奔波，为了我们的成绩，为了我们的身体，为了我们的生活。至今还记得那一次生病，老师们担忧的眼神，朋友关

心的问候，让我心中充满温暖，如同一股暖流涌过。

三年时光，匆匆而过。

三年，其实很短；三年，我们已然长大。我们有"家的味道"，在燕附，才渐渐了解什么是团结。我们竭尽全力笑着走到最后，无论是运动会，还是健身大赛，我们总会一起努力。

谢谢所有爱我们的人，我们会珍惜所有的感动，把每一份期望都握在手里。我们永远是 2018 届燕附的孩子，我们会一向微笑前行。

高中三年——一千个日日夜夜的埋头苦读、拼搏奋进的时光在那里定格。理想和信念在那里交融，梦想与情感在那里汇合。它不仅是三年的时光而已，它关乎人生，关乎未来，关乎选取，关乎应对，关乎勇气，关乎生命，关乎灵魂。抚今追昔，物换星移，我们即将离开母校，踏入更广阔的天地，心中默念着对恩师、对同伴的深深祝福。

匆匆三年，我们有过悲伤，有过快乐，有过失败。可是这三年的记忆成了心底最温暖而坚固的存在。我们，即将奔向未来，奔向远方，让我们互道一声：珍重，在遥远的路上。

多少个夜晚，瞌睡连连却不得不提起笔来。而当这一切蓦然落幕的时候，我才发现高三这一年，我们走得辛苦而快乐，过得充实而美丽。我们流过眼泪，却伴着欢笑，我们踏着荆棘，却嗅得万里花香，365 天里我们每个人，都长大了许多许多。

经历了高考的紧张和忙碌，我想我此刻的心情应当和各位同学一样纵然喜悦，也掩不住回忆与留恋。以前的我总是嫌日子过得太慢太慢，一心盼望着毕业，而当我们今天真正面对离别，又觉得它是那么的短暂。此刻，我不知用什么辞藻来形容我绚烂美好的高中生涯，好像还没来得及细细品味就一晃即逝了。

还记得那一场成人仪式，那是我第一次意识到自己长大了，成年了；还记得我们班的那部音乐剧，我哭了又哭，它似乎是我们高中生活的剪影，也似乎是我们所有情意的表现。

人生路上，我们无畏艰辛，一路携手，一路高歌。多少次在跑道上疾驰，在田径场上挥汗，在主席台上欢呼，见证着年轻的激扬与豪情；多少日在晨光中诵读，在课堂上凝神，在书桌前埋首，记录着求学的拼搏与奋斗。

其实，我高考失利了，因为一科的失误，害得其他两科也没有考好。我哭过，闹过，可是想想三年时光，我经历了多少次失败，无数次因为自己的马虎而一败涂地。其实，最遗憾的是我没有学会认真。但是在燕附的最后一天，教会了我认真，让我学会了仔细。

此去经年，愿良辰美景再聚。

# 我在燕附的三年

✎ 北师大燕化附中 2018 届应届毕业生 北京工商大学 陈育安

　　转眼间在燕附三年的青春时光已经结束了，说起毕业心里还有些恍惚，从考场出来的那一刻并没有觉得高中已经结束了。在燕附学习的这三年里发生了很多，我学到了很多，懂得了很多，也收获了很多。是燕附，燕附里的老师们，同学们见证了我的成长。

　　高一是青涩的一年。初到燕附的我们是青涩的，怀着激动的心情，带着好奇的目光。我们有着激情和热血，在新生军训中我表现积极，被评为标兵。开学的班级建设中我也踊跃参与，老师和同学们给了我当班长的机会。初中我当了四年的班长，本以为得心应手，但在高中却遇到了很多困难和阻碍，组织合唱排练，创办联欢晚会……所有都是我们一手操办，不怎么依靠老师，这是我之前所没有接触过的。最终在班主任张老师和同学们的支持下圆满完成，但我从中认识到了自己的不足。和班里的其他五名同学还代表燕附参加了燕山的朗诵比赛，我一直觉得自己这种沙哑的嗓音肯定不适合朗诵，但老师给了我机会，让我对自己有了一些信心，最后获得了二等奖。我在轻松的氛围中度过了这一年，并对未来充满期待。

　　高二是丰富多彩的一年。我来到了新的班级，接触了新的同学，又尝试了许多之前未能触及的活动。比如参加了篮球比赛的啦啦队，也体验了在跳舞中挥洒汗水的感觉，最后的结果可能没那么满意，但是也有很好的反响。我直面自己胆小怯场等缺点，对自己而言算是小有成功。比起高一，高二的我们可能多了一些苦与愁，不再像高一一样无忧无虑，对马上升入高三，要进行艰苦的学习感到担心。

　　高三是充实的一年，也是最难忘的一年。我们班在班主任张老师的带领下培养出了很好的班风，每周都有流动红旗，卫生纪律都很优秀，被评为优秀班集体。这一年里，大家一起努力，还有许多认真负责的老师与我们并肩作战。化学张老师、数学谢老师、语文王老师、物理杨老师、生物高老师和英语王老师，他们不仅在学习上指导我们，在心态情绪方面也十分照顾我们。有许多同学焦虑万分，我的心态更是不稳定，有的时候因为一次考试的失利，甚至是一道作业题而心态爆炸。老师的安慰与鼓励给了我很大的帮助，尤其是化学和数学老师，跟我及时沟通，解决我内心的急躁，让我变得相信自己。老师们不厌其烦、一遍又一遍地讲着知识点，辛苦程度也不亚于我们。谢老师总是迈着矫健的步伐进班上课，积极的心态不知不觉也感染着我们；化学张老师又是我们的班主任，虽然几乎不发火却有一种强大的气场，分分钟就能镇住我们；语文王老师说的话最多，每节课几乎都是她一个人在说，脾气又好，还总是怕我们累着都不怎么留作业；物理杨老师总是一副泰然自若、笑眯眯的样子，说话不紧不慢；生物高老师有着强大的少女心，虽然年轻，有的时候还会犯一些小错误，但我还是很喜欢她讲的课；英语老师上课永远很有热情……老师们总是把最好的状态留给我们，为了我们的学习无条件地付出一切。

我们每天就是刷题，卷子越来越多，压力越来越大。但是我们班的气氛并没有很压抑，大家在课间还是会一起放松。同学们的欢乐陪伴和老师们的鼓励安慰，让我觉得高三这一年并不难熬，我甚至体会到了原来没有的快乐，可能算是苦中作乐吧！

除此之外，在成人礼的节目中我们班也是全班出动，有舞台剧、合唱、集体宣誓。我也是第一次表演舞台剧，大家一起努力排练，团结一心。成人礼最终完美落幕。不管是成人礼，还是日常的点滴，我都觉得三班真是太棒了，我为我们班骄傲！

三年的时光就这样结束了，虽然有争吵，有难过，也有遗憾，但是总归是快乐的，是充满收获的。感谢同学们的帮助与陪伴，感谢老师们悉心的教导和鼓励，我知道自己有很多不好，但是老师们和同学们却都看见了我的好。眼前的结束并不是结束，而是下一段旅程的开始。真心地祝愿同学们一帆风顺，前途光明！老师们身体健康，幸福美满！也祝愿我自己可以变得更好，成为自己羡慕的样子。

# 我在燕附的三年

北师大燕化附中 2018 届应届毕业生 北京信息科技大学 王宇轩

在燕附的学生时光转眼就走到了尽头，高一入学时班主任说过三年很快，我们不以为然，刚步入高三时，老师再次跟我们说到高三很快就会过去，让我们好好珍惜，我还没有很深刻的感受，直到真正结束的那一刻，老师说过的话我们才会真正懂得，也许这就是成长。

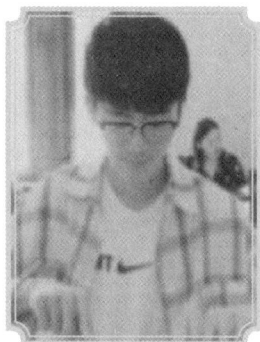

刚刚步入燕化附中时的我，还是那么的青涩、懵懂。经过三年的成长，我成了一名成熟、有责任感的大学生。学校不光教会了我们知识，更教会了我们如何做人，如何处理问题，如何更好地与别人相处。这些都是为了让我们更好地步入大学的校门。

高一，在选班委的时候，我申请了体委这个职位，我也如我所愿地成功竞选上了。高中的活动很多，处处都可以看到体委的身影，这说明了体委的责任重大。开学前，我们度过了军训生活，我们一起训练，一起吃苦，一起踢正步。在朝夕相处中，同学之间的友谊逐步升温。我完成了班主任交给我的各种任务，为老师分担了压力。我的办事效率逐步提高，这得益于老师和同学的鼓励、信任与支持以及附中良好的环境。

身为体委，我在体育方面也给自己树立了目标，运动会、篮球赛、足球赛、健身大赛我都踊跃报名，起到积极的带头作用。这也使我进一步理解了班委的责任与义务。在同学们的不懈努力下，我们班在每次活动中都取得了优异的成绩。

转眼一年学习时光就过去了，我们分班了，虽然离开了高一的班主任，不过很幸运的是我遇到了一个更好的班主任——玲姐。起初对玲姐的印象是一个非常非常严厉的班主任，看她在班门口站着看我们的时候还有一点害怕。不过经过一年的相处，我发现玲姐是一个非常善解人意的班主任，对我们都非常的好，该严厉时严厉，对我们要求严格，可私下里玩闹时又能跟我们打成一片，像朋友一般。玲姐在一些小事的处理上也十分严格，例如从来都不许我们迟到，每天都早早到班里监督我们早读，每天都要监督我们值日，她说不能因为我们学习任务重就对这些学习以外的事情掉以轻心。我想也正因为这样我们班才可以每周都拿到校级流动红旗，并被评为北京市的优秀班集体。在学习上，如果我们出现了一些问题，玲姐都会及时发现，找我们谈心，改正我们的学习方法，让我们的成绩提高。

升入高三，开始了一轮复习，我才发现前两年我学习的不足。于是我开始查漏补缺，经过紧张的复习，学习成绩稳步提升，从最初的 100 多名提升到 50 名左右。但有时也会失利，老师们会及时地鼓励我，为我找到出现问题的地方。数学老师尽心尽责地讲解重点、难点题型；英语老师努力地给我们批改作文，扩充句型；化学老师耐心地为我们答疑解惑；物理、生物大题分值高却很难，老师就要求我们整理错题，经过长期的努力，终于不会在这些题型上失去太多分了。也许是一模、二模考得比较好，我有点飘，高考理综失利了，这也是高考给我最深刻的教训，我希望学弟学妹们千万不要骄傲。高考更重要的还是心态，只有把心态放平，把高考当作平常的测试，才能正常发挥。学校更是在高考前给我们做心理辅导，缓解我们的压力，使我们能沉着冷静地发挥，临危不惧。高考对于所有人都是一次深刻的回忆，有的悲伤，有的幸福。不过只有经历过人生才算圆满。体会到那种如释重负的感觉。这三年我遇到了各种各样的事情，有的快乐，有的痛苦，认识了许多的好同学，好哥们，充满色彩，难以割舍，成为我们一生的财富。三年很短但足够我们长大，我们从互不了解的陌生人成了相互关心的一家人，使学校有了家的味道，这也是支撑我们走下去的原因。这是友情亦是亲情，无论相距多远，我们都会彼此祝福。

成人礼上，我们班表演了一个催人泪下的节目。大家都纷纷落泪，因为这是我们真实的心声。这让我认识到自己真的长大了，高中生活也进入了尾声。

老师曾告诉我们，只有努力了，不管结果怎样、是否失利，你才不会后悔。因为你努力过，拼搏过。这才是高三充满意义的地方，也是最宝贵的地方。这样在你往后回想起来的时候，你可以有底气地说：我拼搏过！不会后悔，痛并快乐着。

再次把高中的一部分回忆写出来，也是一种对曾经自己的回味。

祝学弟学妹们在高考中可以取得好成绩，考上理想的大学，为母校争光。

# 燕附三年成长路

北师大燕化附中 2018 届应届毕业生 北京联合大学 王语迪

我先介绍一下自己吧，王语迪，1999 年出生，学习成绩不是很优秀，喜欢曲艺，喜欢科技，但天生是个小孩，从出生到进入高中之前每天都是笑嘻嘻地过。就算不开心，依然会笑出来，天真得很。这正是我特别喜欢小孩子的一个原因，因为他们没有烦恼，每天想笑就笑、想哭就哭。在孩子的世界里，一个简单的问题可以变成一个世界，无限度地去探索。可能每个人都是这样长大的吧。都知道上高中是为考大学做准备，小学和初中的 9 年加上高中的 3 年可以说全是为了最后的高考做准备。但我不认为高考可以决定一个人一生的命运。有人说，高考只是决定你以后的一张火车票，有的人考上了 985、211，就有了头等舱的车票；有的人考上了重点，就有了商务舱的车票；有的人只考了个普通的大学，没关系，还有二等舱可以坐；没考上大学最终上了专科的人，有站票。这些票虽然不一样，但是终点是一样的。

如果你现在的学习成绩不够理想，那没关系，只要你心中有梦，拼死拼活地也要去完成，那么恭喜你，你会成功的。

## 高一，真正成长的一年

我中考总分 489 分，垫底进的燕附高一（6）班。班主任是张莫末老师，年级主任是耿主任，德育老师是崔老师。校园环境与初中完全不一样，周围坐的基本上是来自各个学校的同学，一开始并没有对这个班有多么喜爱，直到军训。

军训特别考验人。军训第一天，我们刚到训练基地，整理完行李，下午就正式开始了为期十天的训练。可能是我自己的身体素质原因吧，当天下午就中暑了，晚饭也不想吃，我向教官请了假在宿舍休息。也就一刻钟吧，吃完饭的同学回来了，大田（同学）看到我躺在床上，给我递了藿香正气和一根火腿。我说没事，我不用，歇会就好啦。他的回复到现在我都记得非常清楚。他说："你要是不吃了，以后别管我要任何东西。"这句话直接戳到了我的心，可能我从来没有被同学这样照顾过吧！

高一开学后，我每天就是上课听课，下课玩闹，下午五点钟放学。每天都在学校边玩边写作业，直到晚上七点住宿生上晚自习了，我才会往家溜达，这种生活也只可能在高一有了。

10月的学生会竞选，我报名参加了，竞选的是生活部部长，提前一个月就开始准备竞选稿。竞选这个部门的只有两个人，所以无论演讲是好是坏，我都可以进入学生会。即使是这样，没有演讲经历的我还是异常紧张。我的身体不停地打哆嗦，演讲到一半的时候，台下一个小姐姐给了我一个微笑，瞬间补满能量，完美地结束了演讲。最后的得分是88分，好像是当时所有分部部门的最高分。我如愿以偿地当选生活部部长。

高一下半学期面临着高二的大分班，之前一直在玩的我开始收心学习。期中考试理科排名还算可以，但是因为不太喜欢学文科，上史地政的时候都在写别的科目作业，所以总分排名落到了200名开外。期末考试理科排名好像是70多，可以说是成绩最好的一次了。

## 高二，新环境新班级，新的成长路

高二的大分班，我分到了三班理科实验班。班主任是最好的、最负责的、最有经验的张东玲张老师。进入她的班级，我的第一印象就是太规矩了。所有的事情必须规规矩矩地完成，按时按点，说的什么样就要什么样地完成。这也是我向往的一个班级，只不过没有高一班级那么活跃，那么能玩。

我结交了更多的朋友，学习上他们特别努力，也特别认真。就连我这个不看重学习的孩子，也感受到了一定压力。每节课都特别安静，大家都在认真听讲。想必任何人在这种氛围中都会感受到压力吧！

## 高三，成长路上的最后一"站"

高三是高考冲刺阶段。学校自8月就开始补课，我当然是干劲十足，因为上一次期末考试发挥得不是很好，所以20天后的房山统考成了我下一个奋斗的目标，争取杀进年级前100。不过结果并不如想象中的那样美好，对，我又一次失败了。这一次我真的开始担心自己，对自己是否能考上理想大学充满疑虑。

如老师所说，心态决定一切。过了二模就是高考最后的冲刺路了，最后一截，再苦再累拼一把也就过去了。我尽可能地克制自己不被感情方面的事情影响，与同桌一同奋进，相互比着学习，比谁的正确率高，谁写作业写得快，谁的解题方法最简便……

终于还是到了要分别的那天，高三的送别仪式，这个我曾经以学弟的身份参与了两年的仪式，现在轮到我了。学弟学妹们的红丝带，着实让我有一点点难舍，不过该离开的终究会离开。

三年，听上去非常漫长，但一路走来就像是一眨眼，还没走够就结束了。

## 后记

写这篇后记时高考已经结束一个月，高考分出来了。我的总分过了二本线，我还算满意，毕竟自己三年好好学习的时间没有多少。希望学弟学妹们还是能够安下心来好好学习，高中就是学习的巅峰时期。其他事情可以放到大学去完成，不会晚的。这些日子去北展做志愿者，认识了好多学长，他们跟我说得最多的一句话就是，高考不一定能决定你的人生，它只是一个转折点，只要你对高考不后悔，分数就没那么重要。每一条路都有每一条路的风景，走好这条路，稳稳当当地走过去，才是最精彩的！

最后，祝所有学弟学妹能够好好学习，在高考中发挥出最好的水平，"杀"出一片属于自己的天地！

# 感恩母校，感恩附中

▨ 北师大燕化附中 2018 届应届毕业生 北京工商大学 李腾

　　高中三年真的是人这一生中最重要的三年，它是我们从无知幼稚迈向成熟的重要的阶段。时间也真的是让人猝不及防的东西，转眼间已经从附中毕业了。回想当年中考结束时的我并不愿意来到这个学校，如今我却庆幸能在附中度过这些最重要的日子。

　　前段时间高考出分，知道分数的那一刻我欣喜地大哭、全身发抖。对我来说这样的成绩是对我付出的努力的最好回报。我仍记忆犹新，一模时，我因为感冒低烧考砸了，排名掉到年级 85，二模虽回升但也只过了一本线 0.5 分。那段时间我心态彻底爆炸，极度丧失自信：凌晨坐在床上崩溃大哭；周末把课都推了，父母带着我出门散心；害怕上学害怕见人；每天跟混日子熬天数没什么区别。但在如此心态爆炸的情况下，我仍选择早起学习，因为住宿的原因六点多就坐在班里做卷子，晚上学到凌晨。每天的睡眠时间大概五个小时。都说上次高三剥层皮，我也在这段时间真正体会到了痛苦，无论是心理还是身体。我不停地找老师谈心，老师也一直用自己的经验或者身边人的例子来教育、鼓励我。所以最后我心态的变化大部分是因为老师们的开导，这让我特别感谢他们。我记得最深的是不同的老师都告诉我一句话：不要把什么东西都看得太重，有些东西你攥得越紧越容易失去。想来确实是很有道理，我在最后的冲刺阶段因为这句话调整好了心态去面对高考。同时不得不提起一位已经故去的老师曾对我的谆谆教诲，以及对我的支持与信任，也成为我奋斗的动力，让我能够以最佳状态去迎接高考，希望能不辜负他的期望。

　　如今高考结束，一根绷着的弦终于断了，一切回归正常，但我们却面临了分别。因为在附中读高中的原因，身边的同学大多初中甚至小学便认识，感情更加深厚。想到即将与他们分别天南海北十分不舍。回想这三年甚至这数年来不论是玩乐中的彼此之间的推心置腹，抑或高三后期冲刺阶段的互相鼓励搀扶，终归会成为我们最珍贵的回忆。我很感恩可以遇到我的这些朋友，也很感谢我们的相互磨合、相互理解，才让曾没有多少共同点的我们如今竟能够如此合拍。朋友是不可缺少的，高三后期崩溃阶段不仅是老师的鼓励、开导，更有着朋友的陪伴。不仅仅是朝夕相处的伙伴，还有在外校的其他朋友也是我高中期间的精神支柱。在高三期间，我们断断续续的对话虽不长，却让我觉得我仍被人牵挂着。这是一种什么样的感觉？大概就是在某个地方，有人相信着你会变好，然后你因为这个真的会去选择变好，会感觉这挂念在心里安静地流动，好像可以摸到。无论多么艰难的时刻，想着他们在我看不到的某处和我一同为生活、为未来努力着，就充满了力量。

在附中生活的美好记忆，除了有老师的教导、朋友的慰藉，更有于各式各样的校园活动中收获的快乐与成长。首先就是社团了，我因为学长推荐，刚入学便进入了学校的文学社。社团是一个可以学到东西，展现特长的地方。在学长的指导下，我学会了摄影、做报纸。第一张在编辑地方写有我名字的报纸现今仍在家中保存。我也无比幸运地在高二成为文学社社长，去带领我的下一届。除了社团，附中也为我们提供了其他平台来展现大家的特长。于我而言，不论是高一的拉拉队，还是高二的篮球队，都是我挑战自我的过程。这是我上高中之前从未想过会去做的事情，但在附中我做到了。此外，令我印象最深的就是高二下半学期的模拟法庭。首先十分感谢学校领导的信任，将这次活动交给我们班的同学，为我们搭建了一个平台去接触我们一直陌生的政法圈子。在此次活动中大家扮演了法官、原告、被告等角色，为下届学弟学妹们展示了一场别开生面的法庭辩论。在本次活动中，我有幸扮演了公证人，在检察官的指导下，努力扮演好这个角色。那次的主题主要是校园欺凌，不仅给大家，同样也给我们自己上了生动的一课。除了模拟法庭，附中还有模拟商学院等活动，虽没有亲身参与过，但也从参与过的朋友的话语中得知这些活动同样很有意思并且具有教育意义，让还在校园的我们提前接触这些看似陌生又遥远的东西，而这些体验都要感谢附中校领导的支持。在高三毕业之前，我们班也有幸参加了成人礼，大家利用课余时间积极练习，中途虽有困难但都一起克服，和我们亲爱的班主任玲姐及另外两个老师完成了让台下观众十分动容的音乐剧，并且在台上进行了宣誓及谢幕演出。成年让人措手不及，这次成人礼确实让我们在步入社会之前提前理解到什么是责任与担当。在活动过程中，马校长的演讲也让我们更加有勇气和动力去面对成年后未知且具有挑战的一切。

感恩母校，感恩附中。在人生中最懵懂无知的，正要迈向成熟的这段时间，多么幸运，我能有附中的老师作为我的指路明灯，让我在正确的道路前行。在我看来决定一个人今后发展的，不仅仅关乎学习方面，还关乎其他方面。班长的工作，不仅让我知道作为一名管理者，应该公平、公正、公开，也使我懂得了不只是我在管理同学们，同时同学们也在监督我。所以无论作为什么角色，我都应该时时刻刻注意自己的一言一行。这无形中提高了我的责任心，让我能约束自己的行为习惯。工作中，我可以看到自己平时在学习和生活中的不足之处，从而改正这些缺点。要求别人做到的自己必须首先做到，要求别人不做的自己首先不做，只有这样才能起到榜样的作用。在班级管理的工作中，我得到了锻炼，学到了知识，增长了才干，提高了素质。在平时的学习中，我更是时刻提醒自己，作为班长应该认真履行班长的义务，尽心尽力为班级、为学校、为社会增添光彩。生命的意义在于付出，在于给予，而不在于接受。我付出了，同时也得到了很多很多，有老师的赞赏，也有同学们的信任，和很多份珍贵的友谊。这一切值得我去珍惜作为一班之长的每时每刻。在高三最后，我有幸被评选为市优秀班干部，而我所在的班级成为市优秀班集体。我不仅要感谢老师、家长对我的帮助与支持，更要感谢附中能够给我这样一个宝贵的机会，让我能把握和利用这些平台，努力地锻造自我，成就自我，充实自我，增强了自己的人际交往能力与工作协调能力。

燕化附中，带我一同见证了最伟大的付出，最真挚的友情，最好的自己。这里盛满了我的笑与泪，喜与悲，教会我做人，带领我成长。如今面临分别，心中自是难舍，因此也对母校中更年轻活泼的血液充满期许。在这里想对我的学弟学妹们说：你们比我们更幸运，因为你们还有时间与这所学校彼此了解，彼此成就；你们比我们更有希望，因为你们还有时间用来思考，用来武装自己，以避退成长带来的猝不及防；你们比我们更应懂得感恩，懂得珍惜，感恩每一位陪在自己身边共同作战的附中人，珍惜每分每秒生活在附中的美好时光，以补足我们的不舍与缺憾。

最后，面对新的征程，我已做好准备，带着附中给予我的一切，勇往直前。而学弟学妹们，我也将最诚挚的祝愿送给你们，愿你们不忘初心，前程似锦。

# 不忘初心　方得始终

北师大燕化附中 2018 届应届毕业生 北京体育大学国际体育学院　韩冰

仍然记得高考前一个星期高老师在黑板上写下的英文句子，翻译过来就为"不忘初心，方得始终"。虽然这句话听过很多次，但在特殊的时间里再听到就好比喝了一大口"鸡汤"，很温暖。高中三年，寻找初心，坚定信念，坚守所想。可能刚开始并不清楚自己想要什么，一旦明白，便是找到了出发的目标。

在附中的三年让我成长了许多，也让我明确了我想继续学习的方向。老师们的关爱，及同学们的互相鼓励、关怀，让高中生活更为难忘。

仍然记得高二时的我遇见了一些很让我难过的事，那时朋友们给了我很大的鼓励。他们将想对我说的话偷偷存在我的 U 盘里。老师让我参加英语演讲，我定的主题便是与此相关。当他们表演完话剧，站在一旁听我演讲时，我突然感受到了我的"小确幸"，有真心对自己的朋友。而这次活动也让我明确了以后想要学的专业。

最煎熬的是高三。我会因为考不好而质疑自己的能力，也会因为成绩而心情低沉。但这一年也是让人成长的一年。就像老师说的每次考试都是一次考验，只要坚持，总会有收获的。当因为成绩难过到哭的时候，总有老师在一旁摸着头，笑着说："没有关系。"然后细细帮忙分析原因。在平时上课时，时不时过来鼓励我，给我信心。

送别仪式时，同学们互相系丝带，互相给予祝福。老师们在拥抱我们之后，都泣不成声。这一年不仅我们很辛苦，老师更是和我们一起走过了最艰苦的一年。我们与老师有时会像朋友一样相处。我们和静姐一起聊着她的爱情故事，一起猜着她第二个宝宝的性别，偶尔晚上一起吃鸡排、喝旺仔牛奶。我们也一起在压力中寻找乐趣。我们曾一起观察肖老师的车还在不在学校，看着后门有没有肖老师的身影，也曾放弃课间时间去研究一道数学题。这一年我们苦中作乐，与老师关系变得更好，也学会了坚持。有时又会很矛盾，在坚持与放弃之间犹豫，但最后总会选择坚持。

现在，再回附中。看着我们曾经奔跑的操场，仿佛看见了曾经为了会考而努力的我们的身影。看着教室，回想着曾经为了高考而不肯放弃的大家。看着这些不禁会笑，附中是我们为梦想而努力过的地方，我们欢笑过的地方。只要坚持初心，不忘自己为什么出发，我们总会到达自己想达到的地方。

# 难忘的高三生活

北师大燕化附中 2018 届应届毕业生 东北财经大学 林天奇

在燕附，高三的时间真的是很短。短到一眨眼就已经是昨日烟云。我们班主任肖老师在班会上说得最多的一句话就是，"高三过得真的很快"。的确，暑假补的课很快就过去、一周从早六点到晚十点半上课、周六补课、周日晚补、寒假节前补课、寒假节后早开学、只要节假日就比平常多上一天课，高三实在过得很快。讲实话，只要你高三很认真地学，或者很认真地闲，时间真的过得非常快。

学习上，越学到后边，越简单。单说文综，我在房山统考的时候，觉得三科平均分上 80，总分 240 分左右就很不错了。到了海淀一模觉得 240 分是很容易得到的。之后慢慢大家都能到 240 分左右。比较恐怖的是到二模的时候，个别同学会让你了解一下什么叫作平均 90 多分，总分超 270 分的绝望。最恐怖的是会有一种人，他们可以政治满分，文综 290 分。同时你会发现，身边大部分同学的文综成绩都可以到 250 分左右。嗯！真的是很简单！再说数学。数学这个东西贵在有自知之明，要看你的脑壳能允许你得多少分。基本上，只要是正常人，得 120 分没问题。数学不算难，只要跟着老师学，数学肯定不会给你往下拉分。有点聪明就可以给你提分。英语靠努力和运气。七选五是个坎，很难迈。作文一定要反复改！找老师改！真的管用！一定要养成一种模版！如有神助！我觉得语文就很靠天赋了。阅读的速度和深度要一点点磨，但有的人就很擅长语文。作文也是一个大坑，能够消磨你许许多多的时间，但很多工夫基本上会打水漂。

记得我废寝忘食地打电话给我们的肖红红老师、杨洋咩老师、及老师、杨江雁老师，杜丹丹老师，和挺着肚子到最后的高静老师。只要你肯去找，她们肯定给你安排得明明白白的！

　　总的来说，高考没有想象中的难。做好笔记和改错，听老师的话和一个不呆不傻的脑袋瓜，学好没问题。运气不太差，保持好心态，考好就没问题（一个好心态属实有点重要。我考的时候总想，排名第一的人习惯性地考第一，我咋就不能习惯性地考十几名）。

　　生活上，学校的食堂很好，部分菜超好吃，一些菜很难吃，带着咖啡味的剩宫保鸡丁真的让人绝望。一旦毕业了，记忆中的菜会更难吃。我们班在高三的时候有丰富的饭后百步走活动、嚼舌活动。它们没有重大意义，但是让我们的高三生活不是很难熬（6月初学校老师孩子的儿童节活动，我们也去拿气球回班玩）。

　　最后，感谢燕附给了我超级好的三年，感谢老师们给了我超级满的关心，感谢自己算是超勇敢地拼了一场！

　　余生很长，不负勇往。

　　比心！

# 我与燕附

📝 北师大燕化附中 2018 届应届毕业生 西南政法大学 张淇

　　离开校园已有三个多礼拜，告别、高考、出分、报志愿，一系列事情都落下帷幕，终于有心情回首高中三年的诸多往事，进行整理与沉淀。

　　高一和高二时，我并未在学习上花太多心思，那时候觉得高中阶段不应该只有学习，所以开始享受生活，做了许多初中时候不敢做的事情。印象最为深刻的是参加学生会风纪部部长的竞选。我边听别人的竞选发言，边借鉴他们的稿子修改自己的。帮我润色稿子的朋友看上去比我这个参选主角还要着急的样子。面对一排评审老师，我内心无比紧张还要故作镇定。这件事被我记得这样清楚，不只是因为竞选和获得这个职位，更是因为这是我第一次在那么多同学和老师面前做"非常"的竞选演讲。这一鼓起勇气的过程不仅是我高中生活中的珍贵记忆，更会让我在接下来的生活中更加勇敢。

　　我的高一、高二生活相较于初中生活还是很精彩的。高一时在石化科技班，课外活动很多，模拟商学院、演讲比赛、寒假拓展等。高二时一场英语校园剧贯穿了两个学期。参与这些活动，不仅是满足个人兴趣与展示才能，更是培养自信的一个过程。

　　由于对学业不够重视，没有为高三的学习打下良好基础，甫一上高三，学习压力就来势汹汹。

　　还记得第一次大考，房山模拟考试，我是年级第29名，这个名次、这个分数，介于一本二本之间。我一下子就慌了，去问老师。老师得出的结论是，前两年为什么没有好好学习？幡然醒悟后，只能埋头苦学。但我又急于求成，连续一个月每天一套英语卷子做下来，成绩并没有任何起色。我的父母也很着急，去问老师为什么会这样，老师的回答是：很多同学从高一就开始努力，才有现在的成绩，你仅仅是努力了一个月，为什么就要求达到他们的水平？自此，我沉下心来，不考虑结果，先付出努力，颇有几分"但行好事，莫问前程"的味道。

成绩逐渐也有起色，但是随着成就感而来的是焦虑和烦躁。我有两次很焦虑的经历，一次是高三上学期期末，我的排名终于从二开头变成一开头，19名；一次是二模，我的排名从两位数变成了一位数，第九名。除了高兴，还有迷茫，如果下一次考试成绩没有这次好怎么办？带着这样的情绪，我无法集中精力学习。越是这样越是学不进去，学习效率越发低下，从而越发没有学习的动力与兴趣，加上更加焦虑，形成了一个恶性循环。我最想做的就是在家里待着，什么都不干——我很感谢班主任肖老师和父母在我最焦虑迷茫的时候，给予了我很大的帮助和指导。在此之后，班主任肖老师和父母也同意了我的想法，让我回家休整。但是在二模之后的这份焦虑和迷茫，肖老师却不赞同我想回家自习的想法，很耐心地和我谈心，一句"我曾经有个学生，二模之后没怎么来上学，本来能上一本的，后来考了个二本"把我吓回学校继续听课。其实后来再想，这些成绩除了检验一下近期的学习情况并无其他作用，也不必太看重。轻松上阵，继续学习、努力才是紧要的，正是带着这种心情，我才能在高考中取得令自己满意的成绩。

回顾整个高三生涯，我的学习过程就围绕着一句话："种一棵树最好的时间是十年前，其次就是现在。"如果有学弟学妹跟我一样高一、高二没有好好学习，我可以告诉你们，从高三开始努力，也很有效果。但最好的，还是从高一开始就有明确的目标，这样才能上到理想大学，祝接下来高考的学弟学妹们金榜题名！

# 我在燕附成长

北师大燕化附中 2018 届应届毕业生 首都师范大学 游馨

时光荏苒，岁月如梭，在燕附的高中生活画上了圆满的句号。虽是短短三年，但在我的人生中留下了不可磨灭的印记。

我从这里重新开始。

步入燕附给了我一次找回勇气的机会，让我重新看待学习。也许，成绩并不是学习的所有，获得和享受才是真谛。当你真的融入其中时，外部的一切干扰都不足畏惧。我是一个十分懒惰的学生，可是所有老师都给予了我最大的包容。他们会不厌其烦地讲解早已考过多遍的题型，会带着我们一遍遍复习背诵知识点，会提醒总是走神的我们。他们知道成绩的重要性，但从不会把成绩挂在嘴边。每当我们有一点点进步，他们都会欣喜若狂，及时鼓励。在老师们的鼓励中，我不断进步，让我重拾信心，重获勇气。

当然在燕附我也重新获得了宝贵的友情，我不得不夸夸同学们，个个都是情商高，善良且可爱的。我是个慢热的人，不擅长和不熟悉的人待在一起。高中三年分了三次班，前两次都是不熟悉的面孔，当我们熟识了之后又会分开，这种感觉别提多难受了。但是，我相信这锻炼了我，我从一个极其内向的人变得活泼了许多。我更相信是善良的同学们让我对陌生人产生了更多的信任感，减少了我和陌生人交流的阻力。让我认识了更多的人，交到了更多的朋友。

我从这里进行蜕变。

燕附生活不是只有学习，也有更多的课余活动。丰富多样的社团、英语话剧表演、模拟联合国、一年一度的运动会，总有一款适合你，都参加一下便是再好不过了。全方位提升自己，蜕变成为优秀的人。我参加过一次英语话剧演出，体会到英语口语的魅力，和同学们齐心协力制作话剧的经历，这也让我提升了对学习英语的热情和信心。

燕附的老师从一开始就一直引导着我们。我很诚实地说，先开始我什么都不知道，没有任何目标，就好像依然没有脱去稚嫩。但是我一直在思考，在摸索。三年走来，送走一届届毕业生，迎来一届届高一新生，走过教学楼走廊，我发现了一个现象，高一时，学生们都信心满满，志愿栏上写满了各式各样一流的大学，但随着年级的增长，志愿变了，志向大学在移动，最终找到最适合自己的学校与专业。我也是如此，在三年的时光里，我找到了答案。最质朴的老师们让我看到了路，班主任英语肖老师、数学杨老师、语文及老师、政治杨老师、历史杜老师、地理高老师。我永远忘不了那个生着病依然坚持为我们上课的身影，第一次真正体会到了师生情，比任何财富都珍贵的情感。这份情坚定了我要当老师的决心，保留内心中的纯真、质朴与美好。我想我的心理得到了蜕变，第一次彻夜不眠，通透地想了个问题。

我在这里期待未来。

高中三年，经历了重重磨炼。在学习上，老师总会给予适当的帮助和鼓励，帮助我们做一个自主学习、意志力强大的学生。他们耐心引导我们自我总结，查找错误与弱点，进一步攻克难题。我们才不至于丧失信心，开始憧憬起了未来。在运动方面，我不得不承认是我的弱项，风趣的老师带给我们运动使人愉悦的信号。800 米跑步一直是我的噩梦，但每一次我都能跑下来，只有自己知道跑时的腿软和嘴里血的味道。一次次的 800 米跑让我知道了自己的潜力所在。于是这些积累才能在高考中施展开来。可以说这给了我希望，给了我一条向着光明前进的道路。

上文没有华丽的辞藻，是深藏在我内心中最想说的话。感谢燕附给了我进步的校园，真情陪伴的老师以及友爱的同学们，让我度过了深刻又幸福的高中三年。

我在燕附成长，我与燕附同在。燕附学子都可以考上理想的大学！

# 我在燕附成长

北师大燕化附中 2018 届应届毕业生 北京信息科技大学 杨柳青

炎热的 6 月，我们从燕附毕业了。难忘的三年时光，说慢也慢，说快也快。23 日中午，电脑屏幕显示出我的高考分数，看到令我惊喜的数字，雀跃，如释重负，小失落……这些情感皆是源于我的成长，一个燕附学子的成长。

前路未知，需做磨刀功。2015 年夏秋之际，我来到燕附，这是我高中生活的起点。初入高中，我仍带有初中生的稚嫩，对全新的校园，对陌生的老师同学，对多样而未知的课堂，一无所知，怀有好奇与期待。高中的学习模式与初中是不同的，一摞摞的各科必修课本为证，课程繁密重要，数不尽的拗口文言文，让人应接不暇的数学公式，密密麻麻的英文单词，最令文科生头疼的是如同天书的化学有机方程式和生物知识。高一是高中的基石，绝不可大意轻视之，不能抱有松懈的态度，只想着如何在高中玩乐。我也曾懊悔，要是在开学前的暑假好好预习高中的知识，会不会让我的知识点更牢靠？会不会使我复习得稍加轻松一些？

如今想来，燕附教会我的第一点就是磨刀不误砍柴工。忘记过去的荣耀与成绩，原地立定，为未来做好充分的准备。我会将大学的录取通知书压在抽屉底部，因为母校教会我，优秀需要重新证明。

高二是分科的一年，我选择了未来的方向，学习文科。分科对高中生至关重要，不仅要谨慎分析以往的成绩，大胆设想自己的提升空间，还要考虑本身的兴趣爱好与特长，与父母和老师仔细商讨。我的数学不是很好，成绩不占优势，同时我的地理和历史还有进步空间，我的兴趣也更倾向于文史类科目。在与老师和父母交心商谈后，我成了一名文科生。高二分班后，我进了七班，遇到更优秀的同学和老师。我有庆幸，也有不安。我的成绩是班里的中游靠下，面对即将到来

163

的高三、成绩优异的同学们、父母与师长的希冀，巨大的压力令我不禁焦虑、自卑。被压力压垮的人很多，但如我般幸运的也许无几。在备受煎熬的日子里，有和蔼热情的老师不断地鼓励我，帮助排解我的压力，帮我指点学业上的短板。幸而有她们，幸而我在燕附，我才得以顶住压力的打击，走入高三。

那一年，我成长很多。选择必须慎重，压力我能扛住，职业需有操守。教导我的老师们让我深深感受到她们对学生和事业的热情与负责，她们珍爱我们，她们奉献事业。老师不渝的职业操守和高尚的师德，一定会使我在日后的工作中受益良多。

高三是枯燥又紧迫的一年。我们必须全力以赴，一遍遍查缺补漏，练习答题的逻辑性，理解不同题型的解题思路……日日夜夜，交替行之，这背后需要我们付出努力。我给高三的关键词是"努力"。一句箴言与君共勉——越努力越幸运。我在高三后半段进入了瓶颈期，似乎怎么付出也得不到回报，渐渐生出心有余力不足的念头。好在我及时打消这种悲观情绪，调整心态，冷静用平常心来重点复习薄弱科目，以平常心参加高考。高考以平常心发挥，日后我获得了意想不到的分数。正如老师所言，我们平时的努力不会欺骗我们，真正会欺骗我们的只有抓不到要领的白用功以及我们自欺欺人的不自信。

有时候，努力会白费，上天会辜负努力的人，但是生活绝不会辜负一直努力的人。

我的高考成绩超出我与家人的预料，父母激动，我也欣慰。同时，我也反思：若是我拿出十足的干劲，结果是否会更喜人？一定的。其实，我后悔没能在高三咬牙拼搏，我没有逼迫自己使出全力。多少付出就有多少回报，这是真理。

忆往昔，不过三尺讲台，三寸舌，三寸笔。惊艳何人时光？却道是，十年树木，十载风，十载雨。辛苦谁人汗泪？莫愁三千桃李，十万栋梁。分别，同窗师长的热泪，美好的祝福与激励，惹人心头颤动。曾经的一切不会被抹去，那些值得我魂牵梦萦的时光还在身后守望着我，母校在记忆最美的地方守护我。

停靠三载，我从燕附启航，乾坤未定，你我皆是黑马！

# 我在燕附的成长

◆ 北师大燕化附中 2018 届应届毕业生　河南大学　丁稼睿

　　毕业之后再回首燕附的高中生活，才发觉原来三年是这么短暂。而也正是这短短的三年，可以让一个人改变很多。

　　刚刚步入燕附时，我是一个学习不好甚至可以说是很差的人。差到什么地步呢，差到我高一的物理只考了 15 分。而即便如此，老师们也想方设法地提高我的学习成绩，培养我对学习的兴趣。在老师们的引导下我决定选择文科，最终在高二的分班中考入了文科实验班。

　　对于高二学生而言，压力比高一时大不少，因为高二是承上启下的一年。这一年里既要巩固高一的知识，又要学习更多的新知识，其任何一项都是个不小的挑战。我对学习的热情和兴趣变得浓厚了，在参与各种活动的同时，学习成绩随着对各科知识理解的加深在逐步提高。但偏科仍是我最大的问题，我的语文、数学、英语许多次不及格，这一问题在高二并未得到解决。

　　升入高三后，高一、高二遗留下来的偏科成为我最大的学习障碍，加之高三本身给予学生的压力，在学期刚开始简直压得我喘不过气来。但在和老师同学的多次交流后我逐渐掌握了各科学习的门道，偏科的问题也在逐渐改善。我的语数外成绩提高显著，从家常便饭式的不及格到可以轻松考上 100 分，再到轻松考上 110，再到考上 120 多分。虽不算高，但对于我来说已经是非常显著的进步了。而临近高考时，老师们对学生的关心更多地转到了心理方面上。这一转变对于艰苦备战了一年的高三学生而言是十分重要的。正是老师们疏解了我们的紧张情绪，才使得更少的同学在考场上发挥失常。总之，高三生活确实是三年中最累的一年，但现在回想起来，这一年也是我高中三年生活中最美好的一年。

　　以上就是我高中三年学习生活的缩影。对于高一的新生而言，初中成绩或中考成绩都已是过去式，不再重要。不论初中成绩是好是坏，高一的大家都是站在同一起跑线上的。当然，高一的成绩也是不那么重要，重要的是对各科学习兴趣的建立、对新环境的适应及同新同学的熟悉。到了高二以后，需要注重学习方法的建立，要开始明确自身的强势与短板，从而制定计划，打牢基础备战高三。而高三的学习生活压力确实很大，但只要挺过去了，这一年就是你高中三年中最美好的一年。对于高三的每一次考试，都需要重视，但每一次考试的成绩都不需要太过较真，因为高三这一年，除了最终的高考，其余考试成绩都不重要，不过是一种帮助老师学生分析的数据而已。只有树立正确的心态，才是学习不断进步的关键。

　　我的高中生活的简述和对于新同学的建议就是以上内容了。最后我祝愿同学们可以健康快乐地在燕化附中学习，去学习知识，去学习为人，去为自己的梦想而努力，最终不枉费这三年青春。

# 我的高三生活

📝 北师大燕化附中 2018 届应届毕业生 首都师范大学 何雨峰

在燕附的学习时光已经成为历史，时光飞逝，但往事依旧历历在目。

刚进校时，我的数学成绩非常差，但杨老师一直鼓励我，让我逐渐找回了自信，最后在高考考场上超常发挥，达到了从未达到的水平。我在 2018 年复习时，亟待提高的是语文成绩，尤其是在阅读理解方面。语文及老师在平时讲解阅读时总是再三向我们强调一些写作手法的赏析方法，这就使得我对此印象十分深刻，所以我在高考语文的阅读理解部分的表现可以说是完美的。数学杨老师、英语肖老师、政治杨老师、地理高老师和历史杜老师，他们对我调整心态上的帮助是很大的。文科生最怕的是答题节奏的变化，有时候文综题目数量太大，做题节奏一旦被打乱，心态就会出现波动，导致考试失利。但老师们每天给我们巩固基础知识，讲解难题的解答方法，使我的心态稳定了下来。

我在一个只有 20 人的小班级里，起初大家略有生疏，随着时间推移，大家渐渐地变得无话不聊，彼此也没有多少隔膜。班里每个人都把主要精力都放在复习上，互相帮助，共同提高。课后有时间会一起去校外聚餐，有时候也会一起唱歌。我一开始上高三的时候，经历了一些不愉快的事情，心情非常差。但班里的同学接纳了我，不计前嫌，让我十分感动。如今毕业了，我们一直有联系，有机会还会像从前一样去常去的饭馆吃饭，去从前常去的 KTV 唱歌。我想，在高中结交到彼此知心，并且直到大学甚至工作仍旧常联系的朋友，实在是一件很幸福的事情。

这篇文章虽说只是对一年生活的综述，并不能像其他同学的文章那样丰富多彩，但我能把自己作为一个经历过高三的学生的切身感受描述出来，也可以当作对过去的一种回味吧。

愿在燕化附中学习、有理想大学梦、刻苦努力的同学们在高考中金榜题名！

# 我在燕附中成长

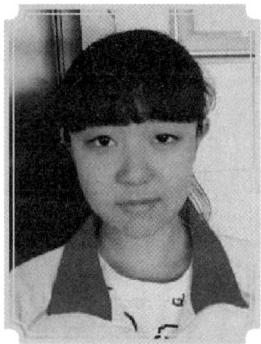

北师大燕化附中 2018 届应届毕业生 首都经济贸易大学 栾捷

　　年难留，时易损，吾将离，仍欲留。三年时光匆匆而过，在燕化附中的这三年回忆深深烙印在我的脑海之中。这三年虽然短暂，在不知不觉中便已度过，但这三年也仍漫长，留给我们这么多经历，有欢笑、有艰辛，更多的是感动。

　　2015 年的那个夏日，我们高一新生带着赤诚与憧憬迈进燕化附中的大门，而燕附的老师则是用满满的热情迎接我们。短短 10 天的军训，我们从陌生到熟悉，也从生疏到团结。军训十分具有挑战性，给了我们战胜惰性与历练自我的机会。最难忘的是军训时期恰逢中国传统的七夕节，我们一起坐在训练场上，仰望着天空繁星点点，一起唱着《打靶归来》。夜色温柔，蝉鸣动人。

　　高一一年的特色社团、校运动会、校本课程、社会实践、各类竞赛……如此丰富的活动内容让我们在学习之外也有很多乐趣。还记得我们参加区级的汉字书写大赛，年级部的崔老师耐心地给我们讲解成语，纠正发音。这次比赛让我们感受到了传统汉字成语的魅力，也让我从此热爱上了成语和传统文化。正是附中课余多彩的活动，让每个同学都有展示自己特长、发现自己兴趣的机会。

　　尽管高中三年学习压力较大，但是每个同学的认真勤奋、幽默搞笑，每个任课老师的耐心与陪伴，都让这一切变得不再折磨。分班后的第一次英语百词测试，我与前桌两个人成绩都不理想。但他并没有因此气馁，而是和我一起每日互相督促背单词。哪怕是寒假拓展的最后一天，我们都是坚持背完计划好的单词才放学离校。坚持一个学期后，我和前桌同学的英语成绩便有了很大提高，平时做练习也更加得心应手。他的勤奋坚持对我产生了很大影响，我也日渐爱上了英语。

　　人们常说："饮水思源谢恩师。"在我即将迈入大学的这一刻，我想念、感激着我的每一位恩师。班主任肖老师对我们十分耐心，为了提高部分英语基础较差的同学的成绩，她在放学后给我们补习单词和语法、在午休时给我们讲解写作和书写、在课间给我们分析错题和阅读理解……她用耐心、鼓励、关爱，帮助了我们每一个同学。

在老师与同学们的陪伴下，三年时光匆匆而过。我们终将走向离别、走向更广阔的天地。三年来，聆听过众位恩师循循善诱的教诲，而今我已学有小成；三年来，结识的兄弟姐妹，如今就要各奔东西；三年来，走过的风风雨雨，已成甜蜜的往昔。

曾经在我们眼中不经意的一切，此刻都成了无法抹去的记忆。与伙伴们结伴漫步在温柔的夕阳下、欣赏教学楼前的洁白玉兰、肆意地奔跑在苍郁的草地上……回味这三年中踩过的每一寸土地，凉凉的夏风总可以在不知不觉中抚平那躁动的心情。

迎着仲夏的暖风，我们带着老师的祝福离开附中。只想说——感恩母校、感谢恩师。也相信我亲爱的同学们终能"大鹏一日同风起，扶摇直上九万里"！

# 愿你归来，仍是少年

✎ 北师大燕化附中 2018 届应届毕业生 首都师范大学 刘敏哲

高考已经结束三个星期了，我还是难以适应后高考生活。有时候习惯性地早早起床，刷牙洗脸，刚想去看看今天上什么课，才猛然想起我已经毕业了。

站在燕化附中的大门口，学校还是熟悉的样子，却多了一丝陌生的感觉。看着来往的学生穿着校服，欢声笑语，我如同一位老人一样，在他们身上拼命地寻找着自己的影子，却只能在一声叹息中离去。

曾经的我们，怀揣着好奇、激动与忐忑，带着家长望子成龙的期望，走入燕化附中的大门。经过了高一与高二，那份激动与好奇已经被日复一日的校园生活所磨灭。因此整个高三年时光都是背负着家长与老师的期望，也可以称之为压力走过来的。如今一切都已结束，自己所期待的如释重负的感觉却没有来到，反而有一种失落与空虚油然而生。高中三年，给我们带来的绝对不只是压力。有些情感，隐藏在我们的内心深处，不易察觉，让我们可以在很多年之后将这段时光拿出来品味，虽然有一丝苦涩，却依然能让我们露出甜蜜的笑容，如同一个绚丽的水晶球，承载着我们的青春岁月。

不可否认，高中三年，尤其是高三，压力非常大。即使是被老师和同学们称为乐天派的我，也有过怀疑、迷茫的时刻。每周二、周四都有模拟考试，一片兵荒马乱，我们强忍着手腕的酸痛，在答题纸上用自己都不太能认出来的字迹，大段大段地写着论述题。楼上的理科生们则不停地挠着头发，渴望得到哪怕一点点思路。每次考完班里都弥漫着一种战败的气息，有面对窗台黯然伤神的，也有三两一撮互相安慰的。我自然也是败多胜少，就是在这段时间里，朋友们给予了我很大的鼓励。不管是模拟考试，还是我那极为失败的一模，当我开始怀疑自己的时候，他们总会出现，安慰我，给我讲我错的题。现在我早已忘记他们安慰我的话，和给我讲的那些题，但提到这些，那股温热依然流淌在我的心间。

还有我的老师们，除了给予我学习上的帮助，在生活上也对我帮助良多。我特别喜欢打篮球，每次一下课总是第一个拿着球冲出去的，甚至上课都是最晚回来的。老师也劝过我好多次，但我并没有听，后来老师亲自来操场上抓我回去。我和老师斗智斗勇，我至今还记得老师在篮球场上看见我时那无奈的眼神。不过到了高三下学期，学习的时间已经不够用了，我自己也意识到这个问题。老师再次劝我收心，这次我听取了老师的建议。在高中的最后一个月，取得了很大进步。

漫步在校园中，看着熟悉的篮球场上那些陌生的身影，想起我曾经拼到筋疲力尽；看着那些栽种在操场旁边的，如同学校的守护者一般的树木，想起我曾与同学们在树下促膝长谈；看着那一排排的办公室，想起我曾在门外心惊胆战地站着……听到下课铃声，仍有着一种特殊的感觉，仿佛在我心中的池塘扔进一粒石子，泛起一阵涟漪。听着学弟学妹们说着学校里发生的一切，熟悉又陌生。他们或许在抱怨老师多么的严苛，食堂的饭菜多么的不好吃，学校的篮球多么的不好。然而在我看来，老师的一句教训，食堂的一口饭菜，学校那标着号的篮球，却是比黄金都珍贵的东西。我们已经不能像他们一样再体验到了。

我站在燕化附中的门口，闭上眼，蝉鸣、汽车声、学生的喧闹声交织在一起，我只是静静地站着，聆听时光断裂的声音。

那个承载着我们青春的水晶球在哪里？我想问个明白。

与朋友从早上疯玩到天黑，回家打游戏打到昏天黑地，我也在慢慢地适应着高考完的生活，享受着压抑三年后的自由。我在内心问自己，在这三年里，除了课本中的那些知识点和自己写得潦潦草草的笔记，究竟收获了什么？除了上了高中后和某些朋友渐行渐远，又丢失了什么？翻着自己与同学的聊天记录，看着我们互相鼓励的话语，我一瞬间明白了，这三年我得到的，是一起度过漫长岁月的友谊，是朋友们的鼓励与关心，是老师的教诲与关爱。通过这三年，我变得成熟了，参加了成人礼，长大了，但我是否失去了什么呢？

并没有，我现在依然能够勇敢地去追求，勇敢地去拼搏。漫长的、艰苦的高三并没有将我变成只会学习的行尸走肉，它并没有击垮我，而是丰富了我，保留了我的那份初心，一如三年前那个怀揣着激动与好奇踏进校园的我。我可以负责任地说，现在的我，再次面对着燕化附中的大门时，仍是当初那个少年。

最后，愿将要或者正在燕附奋力拼搏的同学们，能够金榜题名的同时不忘初心，愿你归来，仍是少年。

# 我在燕附的三年

北师大燕化附中 2018 届应届毕业生　北京第二外国语学院　任晓萌

在燕化附中的三年时光悄然成为过去。回味往事，这里为我留下的感恩感动将会伴随着我一直向前走！

高一、高二的生活，压力小、趣味多。同学们一起去看学校组织的足球比赛，在大风中为自己的班级摇旗呐喊；课间互相推荐好看的电影，提前剧透。我们收获了友谊，锻炼了社交能力。燕化附中巧妙地把思想不同的年轻人聚在一起，给了我们不一样的青春。但是一进入高三，我便无时无刻都有一种紧迫感。因为我知道，这三年的终点就要来临，高考是我们人生的重大转折点。在这条艰辛的路上，少不了老师的鼓励与帮助，同学的关爱与陪伴。每次到班主任办公室问问题，老师总会跟我聊一会儿天，鼓励我，叫我别紧张；交上去的数学作业再发下来时有一句"相信自己"；语文老师在连排课的课间总会亲切地跟我聊天，以缓解我的压力；临考前我几乎哭着跟地理老师诉苦"我现在越做题越不会，我害怕"，地理老师很淡定地告诉我"晚上早点睡，你没问题的"；历史老师会在自由讨论时走到我旁边问我的情况；政治老师像个大姐姐一样，总是在我满头乌云时照亮我的心灵。也许你们都忘记了，但我们相处的点点滴滴我会一直记在心里！你们是让我最自豪的老师，让我最在意的朋友！

借此还要特别感谢那些与我朝夕相伴每天超过 14 个小时的同学们。我生病不在的时候，帮我整理卷子，钉好了放在桌洞里；夏天炎热，帮我把长马尾盘起来；高考前夕给我发信息说"加油，我相信你""我等着你的好消息"……如果再见必须说，我会记得你们，并把这份感情藏于心底。愿你我未来的路都能够花开锦绣。

　　亲爱的学弟学妹们，愿你们珍惜燕化附中这片净土，永远拥有一颗纯净、积极、乐观的心，努力学习，与人为善。最后，衷心地祝愿你们能够在高考中旗开得胜，金榜题名！愿你们合上笔的一刹那，有战士收刀入鞘的骄傲！

# 附中成长——自主意识的培养

北师大燕化附中 2018 届应届毕业生 首都协和医院 符雅婷

高中是一个特殊的时期。我们需要为高考备战三年，还要培养自主意识，为大学阶段的学习打下良好基础。

自主即自己作主，不受别人支配。在心理学中，自主意为遇事有主见，能对自己的行为负责。

我将从以下几个方面来说明自主意识的培养过程。

## 社团

我在高一时加入了模拟联合国社团，从参会代表到志愿者、主席、组委，每一个会议角色都体验过一番。除了收获友谊以外，在社团的两年里，我成长了很多。我可以自由地表达自己的想法，遇到问题时不慌张，且有分析和解决问题的能力。由于模联社的特殊性，我经常要出去开会，不管是周末或者寒暑假，一旦出去了，没有认识的人，很多事情都需要自己独立解决。当现实真正把人逼到一定境界的时候，人才会走出自己的安全区、舒适区，去适应外在环境，也可以说这是一个适者生存，优胜劣汰的过程。所以我认为在高中学业还不是很繁忙的时候，适当地参加社团活动还是很有必要的。

## 爱好兴趣

繁重的学习任务有时会压得人喘不过气来，如若能有什么缓解一下紧张的心情，那是再好不过了。学会用不同的方式调节自己的情绪，这是对情绪和心理的自我管控。例如，我会在节假日期间看电影、话剧、音乐会、展览之类的。我喜欢这些东西，所以我在观看这些的时候，身心非常放松，在短暂的享受过后会更加有动力学习。

# 学习

我们的身份是学生，首要任务是学习，这是毋庸置疑的一点。学生要相信老师，相信课堂，这样会形成一个良好的互动。抓住课堂，珍惜课下，对自己的学习状态有理性清醒的认知，就会比只会被"牵着鼻子走"的人拥有更大的优势。自己安排学习计划，在自己追赶学习进度实在困难的时候，求助课外班，同时不放松学校课堂的时间，这才是科学的学习方法。例如，在高考前两个星期的时候，着重复习最容易提分的弱势学科，绝对比死磕难题的效果要好得多。

## 阅读习惯

我选择了理科，但仍然对历史、地理念念不忘。所以我的阅读范围比较广，也可以说比较杂。阅读是一个循序渐进的过程，书中有大世界、大情怀、大胸襟。越读书，就越谦卑，越知礼懂进退。高中阶段有必读书籍，如果没有时间读其他书，把那几本书翻来覆去地读也会颇有收益。总而言之，养成良好的阅读习惯是受益终生的，而如何规划阅读时间、阅读内容则是自主选择的范畴。

## 运动习惯

在高三这一年，我们的身体和心理上无法避免地会感觉疲惫，适当地做一些运动能够有效地释放压力。例如，每天晚自习前有相当长一段时间是自由安排的，班里很吵，我会选择去操场跑步，坚持一段时间以后，效果不仅体现在体育考试成绩上，也体现在逐渐放松了的心情上。利用碎片时间，选择自己喜欢、适合的运动方式去运动，会取得较好的效果。

## 心理健康

备战高考是极其考验心理承受能力的。健康的心理不仅要活泼、乐观、开朗，还要冷静、能承受压力、愿意扭转失败去争取成功。尤其是最后三个月。一模、二模的成绩要理性分析，不骄不躁，不败不馁。最后两个星期及高考的两天，自我调节心态很重要。人乱我不乱，人慌我不慌。心理上赢了，那就是一大半已经胜利了。

## 外界帮助

有时候，选择或适应合理的外界帮助一定程度上能提高学习效率。例如，上课时，老师会通过讲笑话或者加大音量的方式来帮助学生赶走睡意。一模、二模之后，班主任把情况相似的同学召集在一起进行谈话，这样有针对地点拨能够帮助学生快速地意识到自己的不足，并了解进步的方法。学生做出良好的反馈，成绩自然会提升。

最后，我重申一下，自主意识需要适当地培养，但不能太过刻意。掌握好度，有计划，有对策，身体健康，心理健康。玩中学，学就好好学。祝愿每一位学子都能快乐地度过自己的高中时光，学业有成！

# 成长在燕附

北师大燕化附中 2018 届应届毕业生 北方工业大学 田润

时光荏苒，岁月如梭，转眼间三年已过。

"开始的开始，我们都是孩子。最后的最后，渴望变成天使……"这是我刚入学时的班歌。

回首三年，我们哭过、笑过、迷茫过，也奋斗过。

我们见证了燕附的变化。篮球、足球赛场上同学们积极踊跃、奋勇拼搏的身影，教室里的琅琅读书声，语文老师口中的"之乎者也"，物理老师口中的"流体压强"，一切的一切都深深烙印在我的脑海中，意味深长，挥之不去。老师对我们偶尔的训斥是压力，亦是动力。在老师的帮助和教诲下，我们奋起努力、拼搏，也在此同时看到了更远的目标、更大的希望！都说母校是唯一一个你可以说、可以骂，但绝不允许别人说一句不好的地方。对于这一点，我们深有体会。尽管学习枯燥乏味，但同学们和老师们的帮助和鼓励让我一次又一次地重拾信心，并且一次又一次地突破，成为更好的自己。很幸运自己成长在燕附，时间会带走一切，但燕附的模样永恒存在，"燕化的希望"五个红红的大字印在粉红色的教学楼上，也印在了我的心里。

时间是一个伟大的作者，会给每个人写出完美的结局。花儿没有重开日，人生不能再少年。年少青春已过，我们褪去稚嫩，换来成熟，丢掉青涩，换来成长。这一切的一切，都离不开老师！

很幸运遇到这些可爱又负责任的老师，你们如春风般温暖，如阳光般明媚，如鲜花般美好。忘不了老师生病时仍在讲台上讲课的坚持，忘不了老师永远把我们放在第一位的奉献，我们会把老师的精神带到大学中、带到社会上，使之融入我们生活中的一点一滴。

高中三年，我感恩、满足，没有遗憾。

愿老师们事业有成、身体健康！

愿母校捷报频传、再创辉煌！

愿 2018 届燕附学子，历经千帆，归来仍是少年！

# 成长在燕附

北师大燕化附中 2018 届应届毕业生 首都医科大学 崔瀚哲

谨以此文献给尊敬的赵建新、周伟丽、李艳霞、马华宇、耿纪民、张媛媛、孔令飞、张冬玲、宗志强、彭伶俐诸位老师（按时间及科目顺序）。

填报志愿的讲座结束了，班主任赵老师叫住我们，说要给我们布置下高中最后的作业。也就是这篇文章——成长在燕附。

坐在列车里，我开始回想在学校的三年。我很乐意回忆，因为回忆使我感到舒适、美好。

高一踏进燕附校门的时候，和现在是完全不同的光景。那时候我没自信、没能力、整天浑浑噩噩。在高一的班主任张东玲老师和年级主任耿纪民老师严厉管教下，我才回到正轨。

高二我才来到适合我的学习环境，轻松愉悦的班级氛围、友善的同学、和蔼的老师。生活总算是变了样，我重拾信心，重整旗鼓。

就是那时看的诗正挂在心头："风雷动，旌旗奋，是人寰。"岁月平淡，回忆竟如此壮观。

高二的第一节课，赵老师给我们讲元杂剧，诗词、戏曲恰好是我感兴趣的，所以我听得格外认真，语文书上记满了笔记。我认为这时候我"兴趣学习"的学习模式已经有了雏形。虽然这个学期我成绩平平，却至关重要。

转眼到了 2017 年的 2 月 19 日，开学回到学校我已然信心百倍，不管成不成，我就要拼一下！那时读的诗又有一番别样风景："殷勤问我归何处？我报路长嗟日暮，学诗谩有惊人句。九万里风鹏正举。"后来语文书上学的《逍遥游》很巧与之照应，我很开心，更加相信自己要像大鹏鸟一样强大。我又像一头不羁的蓝鲸，尽情地遨游在自己的海域。在我奋斗的同时，各位老师对我寄予厚望，一直

教导我、鼓励我。赵老师风趣的语文课、周老师严谨的数学课、李老师活泼的英语课、彭老师生动的生物课……他们都是我学习过程中很重要的帮手。这学期，我终于取得了可喜可贺的成绩。

由于内心的浮躁，我成功的果实不幸被自己破坏了。高三第一个学期，我就像迷路的孩子，怎么也找不回之前最好的状态。"没关系，那就重头再来吧！""把这次当作第一次，重新努力说不定会更好。"在老师和同学的不断激励下，我下定决心从零开始。这中间我也曾犹豫过：万一没有结果怎么办？所幸我的内心比较强大，没放弃。犹记凛冬11月，风如刀割，我每天六点二十准时到学校开始学习，写的虽然是前一天的作业，有时候还写不完，但总比不写或者抄作业强。这学期我大致弥补了高一时遗留的知识漏洞，学习了很多似乎没学过的新知识。积累很重要！我保持了良好考试成绩的同时，积累了那么多的知识，这为我最后一学期的冲刺奠定了必胜的基调。这学期语文、数学、英语三科会考我全部拿A，算是圆满收官。

认清形势，降低姿态，从一而终。

这是学期伊始我给自己定下的座右铭。

下面我来解说。形势是绝对的：努力者上，懈怠者下，每次考试都是如此。如何保持清醒的意识，远离浮躁心态呢？唯有降低姿态。做每道题，看每一个知识要点；要虚心，要有不耻学于师的精神才能攻破难点。从一而终则是做到以上两条的基本要求，看似简单，实则最难也。现在看来，我是做到了。那张纸条订在教室后的展板上，我没带走。

这学期的各种活动也加深了我对这段时间的印象：成人礼上的合唱和合影、毕业典礼上系红绳、每个老师的考前叮嘱……

最后的考试我出乎意料地紧张，但它没影响我超常发挥，这次的成绩比一模、二模高出几十分。句号应该这样画，我却不希望它这时画。

我总结了一下这两年的学习方法：兴趣学习，素质教育，这是基本思想。预习（preview）、提问（questions）、阅读（read）、思考（reflect）、背诵（recite）、复习（review），PQ4R，这是基本方法。

每天早到学校，积极乐观地学习其实是一种享受，与成绩更是相辅相成、协同促进的。可是高中就三年，没享受够也只能遗憾了。不努力的人总觉得努力很辛苦，这也印证了他们没努力过，从没尝过甜头，没看到过希望。总之努力不难，结果很爽。

"星光不负赶路人，时光不负有心人。"Ambition 同学在毕业典礼上系在我手腕的红丝带上这样写道。她这样总结没错。

谢谢老师们。你们的课各具特色，不胜枚举。如果将来我得以理清思路，定当写一本回忆录珍藏这些宝贵的记忆。

我就挑出令我印象较为深刻的几节课说一下吧。

2017 年 6 月 14 日下午 2：20，生物。

这节课我因为没写前一天的生物作业被老师罚站，站在 16℃的空调下面我倍感凉爽。此时我明白了老师的良苦用心，那节课我听得格外认真。因为站着全身血液流动自如，所以脑子清醒，印象深刻。

2017 年 12 月 6 日上午 10：10，数学。

我因为上课瞌睡被周老师点到。她说我上半学期学习劲头挺足的，下半学期如此表现成绩绝对会下滑。这句话如同当头一棒打醒了我。感谢周老师的快人快语、直言不讳，让我得以痛改恶习。

2018 年 6 月 2 日上午 10：10，语文。

最后两节语文课，赵老师给我们讲了一下作文的写法，又和我们闲聊到下课。我问她高考 0 分作文是否有参考价值，她说只要把以前她在群里发的素材看一遍就行，无须再寻高见。高考前几天我便用心阅读，果然对高考的写作起到帮助，让我写得得心应手。

还有好多好多印象深刻的记忆，比如中午和同学们去找数学老师改错，课下找语文老师讨论文言文……

高中的生活实在是太棒了！迄今为止最好的生活就在高中，敬业的老师，真诚的同学，还有这么多支持我的好朋友。想想都觉得很暖。

我还有好多好多话想说，回忆是一汪大海，奈何今只可取一瓢水。

写好名，交作业喽。

# 我在燕附成长

📝 北师大燕化附中 2018 届应届毕业生 北京物资学院 张天

看着手机上的日历，感叹自己已经在不知不觉中高中毕业了，从别人的学弟成长为学长。看着当年的照片，从青涩稚嫩到如今的成熟，仅仅三年，却改变了太多，也让我记住很多人和很多事。

高一的时候，我带着初中生的懵懂来到这所高中，认识了新的同学和新的老师。我还记得，刚见面时的自我介绍，我一个人发言 15 分钟，带动了同学们的情绪，使他们不那么怯场。结果后来小组发言代表基本都由我担任，虽然有时真的难度很大，不过我还是很乐意上讲台锻炼自己的。因为以后要走向社会，所以在这个黄金时段练习口才很有必要。现在站在讲台上不怯场，是我高中最大的收获了。

高一的军训，使我们更加团结的那次历练我也清楚地记着，10 个炎炎夏日下的各种磨砺，锻炼的是我们不轻言放弃的意志，是铸造钢铁般不屈的性格的试炼。我们真的挺了过来，还收获了和教官的友谊，真的荣幸，真的满足。10 天烈日暴晒出的黝黑皮肤下，有着一颗鲜红的心，燃烧着我们青春的力量，跳动着代表青春的火苗。学子戎装，使我们更明白安稳生活的来之不易，也许下一个保家卫国的将士，就出自我们当中。

三年间，我记住了同学们，也记住了老师们。老师和蔼的笑容我至今记得，同学们刻苦学习的场景也历历在目。高一的时候我并不习惯高中的生活，多亏了班主任和同学们的帮助，我才顺利度过危险期。每一次老师的鼓励，都是我前进的动力。我记得自从第一次上台发言后，班主任就经常鼓励我上台讲话，练习口才。我遇到不会的数学知识点时，数学老师会耐心讲解，使我思路清晰。我的英语不好，但老师并没有不理睬我，而是找各种机会鼓励我，让我爱上英语这门课程。物理、化学、生物都有故事，这里就不一一介绍了。

当初我纠结选文选理时，向班主任透露了的困惑。老师很耐心地为我排忧解难，使我最终不再忧虑，这件事我真的很感谢她。

高三一年，所经历的疲倦和打击是曾经的几倍。多亏了老师们的扶持，才让我们安稳地度过了这重要又难熬的一年。前几天和老师一起聚餐，又感受到了师生齐聚一堂的那种欢乐。谢谢三年高中，带给了我不一样的体验，和难忘的回忆。

# 成长在燕附——我的高三

📝 北师大燕化附中 2018 届应届毕业生 北方工业大学 孙雪倩

　　回忆高三的生活，忽然想起朴树的《那些花儿》，一句"各自奔天涯"成为对青春离别的最好诠释。叹息过后是释然，微笑过后是惆怅，单纯平静的音符打下去，敲下去，落下去，一下，一下，一下在所有翻唱中变幻出不同的节奏。

　　还记得高考前黑板上龙飞凤舞的决战宣言，教室门口凌乱堆放的扫帚，微微流动的空气中飘扬的成绩单，成排书桌上整齐的书本与试卷……这一切都是我高三一年的青春啊！

　　忽然就明白了一代又一代的学生们决战高考时不曾变更的心情，一丝轻松，一丝茫然，一丝颤抖，混杂着弥漫过教室每一个角落。

　　我会回忆高三的点点滴滴的，点点滴滴的往往是最真实的。

　　那些往事，日夜重复年年循环的心情，流动在夕阳漫天的余晖与午夜清澈的月光里的情绪，都在毕业那天绽放，沸腾，终是成了我人生中难忘的一瞬，也正是这一瞬便成了永恒，永远地烙印在我年轻的生命中。而年少的我们也就此在不舍与留恋中各奔前程，惟余远去的校园里翠色的草坪依旧。我仍记得那一天，阳光很炫，很亮，仿佛能照到心里。

　　高三给我了很多回忆，想早上站起来赶作业的同学，想"周姐姐"上数学课时对我们的宠溺，想每天跟小伙伴嘻嘻哈哈地笑，还记得上课时偷偷看的小说，记得坐在第一排上课时偷偷地睡觉，睡觉时被老师逮到的尴尬情况。

　　那时的日子很苦，但过得很快乐，没刻意地在乎过什么，却仿佛拥有着一切。

　　记忆中忙碌地收拾起课桌上散落的小物件装进书包，抬起头看见飞奔着去吃饭的同学们；记忆中热烈的阳光下我们搬动沉重的书，在宿舍跟教室之间来回奔波，在那里不肯稍稍安宁地度过最后几个飞逝的日子；记忆中的那个夏天，永不再现的温度和喧嚣，一切都过去了。

高三，在我的心里有着最最重要的地位。

我拥有最好的老师，他们热情可爱，着急我们的学习，同时也关心我们的身体。与他们相处轻松欢乐，为我们乏味的高三生活点上了一抹亮色。

我拥有最好的朋友，他们善良活泼，高三生活中他们对我很是重要。毕业之后，我也会想起与他们在一起时的点点滴滴，不管他们身在何处，在做什么，我，都真心地祝福他们，谢谢他们给我的帮助，谢谢他们的存在……

写到这里，我竟然莫名有种想要哭的感觉，不知道为什么，可能是因为我回忆了最美好的回忆吧。

昨天所有的荣誉，已变成遥远的回忆，辛辛苦苦已度过一年，今夜重又走进风雨。未来，在等着我们，而我们也在期待着未来。

愿母校能越来越好，也愿学弟学妹们能学业有成，考上自己理想的大学。

# 成长在燕附

北师大燕化附中 2018 届应届毕业生 北京城市学院 张昱

在燕附学习的时光转瞬即逝，但往事依旧历历在目，尤其是我那些学习的黑历史，让我记忆深刻。

在第一年刚入学时，我还只是一个"小菜鸟"，每天都沉迷于各种欢乐之中。高一活动众多，每天都像在幼儿园有人哄着玩一样的感觉。我忘记了有一个名为考试的"恶魔"正在一步步向我走来，果然期中没考好。因为家长会上提到了成绩与分班，我就被父母"无情"地流放到了补课班。虽然得到了补课班这根有力的拐杖，扛过了期末考试的击打，可是我却在下学期中干脆地抛弃了学校老师这有力的双腿，虽然分少了点，但在表面上还撑得住。

也算多亏了有补课班，在高二时，我被分到了实验班。不过好景不长，我似乎依旧没有意识问题所在。在成绩每况愈下的时候，还保持着上课玩手机、下课聊天、周末上补课班的状态。所以期末考试成绩"哗叽"一下就掉了下来。而且我习惯于上补课班，就造成了之后的惨剧。

到了高三，我终于意识到这个问题。但是在我想听课的时候，我发现我似乎做不到了，仿佛老师讲的课就是一首完美的摇篮曲，只要我一仔细听就会睡着。既然上课听不下去，我只好利用上课犯困和下课的时间来刷一些题，不过似乎已经晚了。因为长期不听课，刷题时遇到不会的，就算看解析都看不懂，我还不好意思去问老师，以至于成绩一落千丈。我的父母看不下去了。他们认为，既然我以前能考得还不错，现在就不应该掉下这么多，所以将我送到传说中的一对一课堂。我各种学习上的毛病再也无处掩藏，一一暴露了出来。不过因为时间关系，我并没有把全部问题都弄明白就上了"战场"，最后考题基本都没写完就结束了高考战争。

187

　　综上所述，没什么深意，主要是希望看到的人可以在意识到自己的问题的时候，赶紧改过，不然等到最后的时候想改也没机会和时间了。唉，我这个就是个反面教材，希望可以警示到和我差不多情况的同学。

　　愿在附中学习，刻苦努力的同学们将来能在高考中金榜题名！

# 毕业感言（敢言）

北师大燕化附中 2018 届应届毕业生 北京邮电大学 陈博裕

略有些不安地打开电脑，输入了准考证号，悬着的心着了地。确认过眼神，是正常发挥！

高考是一次竞技，当这场比赛落下帷幕之后，才发现除了需要感谢那个坚持不懈、顽强拼搏的自己外，还要感谢那些默默支持和帮助着我的人们。感谢燕附！感谢所有给予我教导的老师们！

在燕附的三年时光里，我遇到了最好的老师和同学，从初识到无话不谈，从打打闹闹到互相加油打气，从简单的师生关系到毕业时亲密的朋友。不管是"2 米 10"的爱平老师，还是"企鹅姐姐"穆兰老师，不管是爱吃肉饼的张新禄老师，还是粉笔总是要夹起来用的周伟丽老师，所有给我教导的老师都向我言传身教了两个字"敬业"。

"选择又错。"这一听便知是雷红茹老师的声音。面对经常做错选择第一题的我，雷老师总是及时鞭策着我，让我注意别失误。

"陈博裕上黑板来吧，反正你也没写。"这是张新禄老师对有些懒惰的我的"优待"。

"英语不能放松。"肖红老师总是这样嘱咐我。

"现在作文不能给你们 18 分、19 分。"马华宇老师总是希望我们做得更好。

"你再看看，咱俩不太一样。"杨永吉老师时刻都是那么谦逊，最后我总会发现自己又马虎做错题了。

"我觉得不能给分。"姚国虎老师的声音是那么坚决，告诫我们平常一定要按照标准答案修改。

听到了老师带病沙哑的嗓音，看到了课间老师门前排起的长队，看到了办公桌上静静躺着的我们的作文，燕附学子怎能不勇往直前！

燕附是一个塑造人才的地方，哪怕初来乍到的你并不是一个学习上的佼佼者，不要急躁，相信燕附有能力把你送上高等学府。学校有足够优越的条件，食堂有美味的饭菜，新添的水吧，宿舍是刚装修没多久的；有最负责任的老师，不懂的问题都能及时找到答案。已经身在名校的师哥师姐经常会回来看看，分享当年自己的学习经验（还有老师们的趣闻可以爆料）。学校一直因丰富的课余活动而广受好评，如果你喜欢，有足球、篮球的竞技，物理、化学、生物的实验课，还有酿酒基地也是个好去处。如果你足够幸运，晶莹老师还有可能请你去读书喝茶。

燕附三年即将过去，但对这里的记忆、怀恋会伴随我一生。每当清风送来熟悉的上课铃声，我绝不会忘记当年老师的那句教导——成为栋梁之材！

# 毕业感言

✎ 北师大燕化附中 2018 届应届毕业生 中国人民大学 潘岩

望着蓝底的分数表格上醒目的总分，我重重地叹了口气，明白了人生中又一段值得回味的经历自此画上了一个句号。诚然，我并非十足满意自己的发挥，但此时此刻较之于无奈，我的心中更多充满着对老师和同学在这段时光中对我的陪伴的感激。

三年的时间，说长不长，我却在这里认识了最挚爱、最亲切的老师。面带和蔼的杨老师、讲课讲到深处难以自拔的晶莹老师、内心年轻的"企鹅"穆老师、直率开朗的周老师，抑或分别教化学与数学、拥有"最萌身高差"的两位张老师，视我们如自己的孩子的雷老师，每日不苟言笑却从细节呵护学生的姚老师，以言语鼓励我们前进的肖老师，软磨硬泡让我们完成每日一练的马老师，他们或许性格不同、风格不同，但正如韩愈在《师说》中所说："师者，所以传道授业解惑也。"他们负责、敬业，在教学中不遗余力地将毕生所学传授于我们，以期把我们培养成栋梁之材。

作为一名远离故土的藏生，除了像其他同学一般收获真挚的师生情，在燕附，我还感受到了家的温暖。西藏部的姜老师，对我们的生活关照有加，在平日里所有的藏生都会尊敬地称呼她为姜妈。虽然她一向心直口快，但在我们生病之际，总会第一个出现在我们身旁，像我们的父母一般给予我们最贴心的照顾。而敬爱的李主任纵使并不管我们的生活，却同样想尽一切办法，为我们的升学之路铺平道路。

在燕附，课余生活也备受大家欢迎。这里有最精彩、最激烈的篮球、足球校园联赛，让我们在提升球技的同时，懂得了团队的可贵；这里有独特的酿酒基地，让我们亲身体验了二锅头的产生过程；这里还有丰富的特色实验课，让我们从趣味的实验当中，潜移默化地提高了分析能力。

　　三年的燕附生活即将远去，但它会永远留在我的记忆里，陪伴我度过一生。感谢这一路所有人对我的关心，因为你们，我的生命更加精彩。从今天起，我将以燕附学子的身份步入大学的殿堂，并将永远以此作为荣耀，也希望在未来的日子中，我能奋发图强，励精图治，反哺于学校，并成为学校的骄傲！

# 成长在燕附

北师大燕化附中 2018 届应届毕业生 北京化工大学 成沛艺

关于这个征文我想了好一会儿，有关燕附的众多好处，该吹嘘的应该也都被我的其他同学们吹完了。到我这里，便觉得再多嘴关于在燕附这三年有关学习、心智各方面是如何"成长起来"的，无异于画蛇添足，给人添些不必要的麻烦了。毕竟，我并不是一个典型的优秀学生，充其量就是个在学习方面脑子还可以，其余的一概不行的混混罢了。所以我想，还是说点儿实话，讲点儿实事给人们听，像大学写的毕业论文一样，所有的材料都来自真实的心得体会，没准儿可以给后辈们一点借鉴的价值。

高一上学期的生活，要总结的话，就是自在又逍遥。高一，课业压力不大，还住宿，父母管不着，就非常轻松。虽然家里不让带手机，但是这一点儿不妨碍我花大把大把的时间去干一些自己愿意做的事情。比如看课外书。高一一年活动多，但我仍然三天两头儿地往图书馆跑，去翻一些有趣的东西来看。其实学校看似书很少，实则是你没仔细翻过而已。每个楼层的把边口都有两个大书架。那上面有好多一看就是来凑数的摆设书，但要是仔细翻的话，也能找到不少大热书集。村上春树的《海边的卡夫卡》、张爱玲的《小团圆》、沈从文的《湘行散记》、余华的《活着》及《福尔摩斯探案集》等都让我那年在书架上一股脑儿地翻出来看完了。当然不光书架上，在图书馆里还有各类杂志小说，称得上是五花八门，连高考复习参考资料都有一大摞。我啊，是极喜欢这个寻找有趣的书的过程的。这好比细沙淘金，又像在荒凉的不起眼的废物堆里淘宝，惊喜地找到本儿好书，高高兴兴地看个没完，是个挺有意思的事儿。

你说还有学校活动这东西？反正我是统统翘掉的。什么社团、学生会、英语话剧、运动会、辩论赛，周六日兴趣课、趣味实验……其实燕附组织的活动真的不少，但是我统统不参加。不过也有实在躲不过去的，比如一年一度的合唱、运动会之类的。全班都得参加的活动就没办法了，能怎么办？硬着头皮也得上。

然而上了高二我才发现，这才是真正较劲的开始。外部原因，上了高二分完班，同学们的学习热情都调动了起来，竞争激烈；内部原因，高二学业课程突然难起来，尤其是物理，搞得我有点措手不及。这下知道得好好学习了。还好燕附的老师有个超级让人敬佩的共性，就是有耐心。由于并不友好的初中经历，到了燕附我其实一直感慨为啥老师脾气都那么好。哪怕这道题你找老师问了很多遍，只要你愿意屁颠屁颠追老师去问问题，老师永远不会拒绝再讲一次。

高三我想重点说，因为这段时光过得实在太痛苦了，现在回想起来却甘之如饴。到了高三，我的第一个感触是生活居然可以过得如此有节律。起床，早读，五节课，午休，四节课，晚补，睡觉。什么时间干什么事情，每分每秒有严格限制，今天的午饭说好吃馒头绝不吃米饭，今天定下的目标是五套卷子今天就一定得做完。我是一个非常随心所欲的人，要放在以前这绝对是不可想象的，但是高三的高压力逼迫着让我养成了这个好习惯。过程虽然很痛苦，但从结果上看的确是好的。第二个感触是，学校生活也可以富有诗意。高三阶段，我的心态极不稳定，到现在还记得第一学期期末考试，我哭着写完了物理卷子。敏感的我开始悄悄打量起学校的花、树、猫。观察自然，可以让人本身变得通透，有时候想不开的事情也会豁然开朗。你仔细观察就会发现，学校的花是有次序的。先是进门上坡的金黄的迎春花，再是老师办公楼前的粉白桃花，再是壮观的一树玉兰，押尾的往往是路边的芍药和白蔷薇。还有长着不明蘑菇的树、又大又完整的银杏叶片、春雨后长出好吃的竹笋的小竹林。甚至还有车前草、王不留行等一系列小草。如果我回校园，我可以准确地指出它们的位置——因为它们在我上过的学校生长，所以都记得。

还有那些猫，那些乖巧地等待投喂、会晒太阳享受生活的猫儿们，我会永远记得它们——倒不是因为有多可爱，而是因为它们随性自然的生活习惯，着实让痛苦的高三党狠狠地羡慕了一把。

我现在坐在电脑旁，凝神思考，在燕附上三年高中又有什么不好的呢？

燕附作为燕山地区唯一的高中，承受了太多的期待。今年没有考上清华、北大的？啊，燕附就是个烂学校！实际上并不是这样。我没法阐述这个原因，但是我知道，因为燕附，我的高中三年收获满满；认识了好多亲爱的老师和小伙伴；

拥有了更强健的体魄及更成熟的心智；以及最重要的，一段最干净、最值得怀念的回忆。

　　燕附把我这个年纪最好的事物都带给了我，我又有什么理由不爱它？

　　百年古树，落叶归根。我爱我的母校，因为她就是我的根。

# 怀揣希望而来，满载收获而去——成长在燕附

北师大燕化附中 2018 届应届毕业生 北方工业大学——北京邮电大学双培 胡昊

　　三年前，我拿着一纸录取通知书，满怀着对未来高中生活的憧憬，来到北师大燕化附中。走过写着"欢迎新同学"的气球拱门，穿过教学楼，再来到多功能厅、体育馆，学校规模虽不算大，但一切都是那么的亲切入眼。第一次的年级大会，老师说，高一一年的思想主题是"点燃梦想，照亮人生"，人要有梦想，并要有为实现梦想而努力的决心与行动。我知道，梦想绝不是空想，唯有行动起来，才可化梦想为现实。高中的课程排得满满当当，上学早、放学晚，加之要住宿，我很不适应。老师和同学在知道我的情况后，很热心地帮助我解决问题。从课前预习到课后辅导，从错题整理到错题分析，各科老师的帮助无处不在。我慢慢地适应了高中生活，还担任了班级团支书这一职务，负责团员档案采集整理以及团干部竞选等工作。学习成绩有所提高，课余活动也做得有声有色：我终于身心俱适地开启了高中之旅。

　　高中的第一年很快过去了，高二接踵而至。谈及高二，最重要的事莫过于文理分科与六科（物理、化学、历史、地理、政治、生物）会考了。面对文理分科，我结合职业发展与就业前景，在班主任和家长的指导下，选择了自己更为擅长、更感兴趣的理科。从此，物理、生物、化学成了我的枕边书。高二，是"坚守梦想，激励人生"的一年，是坚持、坚韧、不能松气的一年。临近期末，随着各科难度的加深及会考科目的增多，我的学习压力愈发大了起来。一方面是高三的分层教学，一方面是会考的压力与 A 的诱惑。好在功夫不负有心人，经过我的不懈努力，高二一年的六个会考科目全部是 A，并且在高三开学时，得知自己考进了理 A 班。

　　接下来，就是常人眼中恐怖至极的高三了。说它恐怖，是因为高三这一年充

满了铺天盖地的卷子，源源不断的习题，无数次跌倒，无数次头破血流，无数次坚强挺住，无数次咬牙坚持……然而，我眼中的高三，只是一块火焰雪糕，外层恐怖，内层柔滑可人。高考过后再次谈起高三岁月，我的脑海里会浮现出这样几幅画面：高三一年语文老师为我改作文，在我一模失利时老师亲切地握住了我的手，成人礼上"实现梦想，成就人生"的标语，毕业典礼上同学们互相拥抱、互相签名……有人说高三生活充斥着卷子、习题册，而我要说，恐怖的题目背后，是老师的期盼、同学间的鼓励。

6月4日，老师们为我们一一签名。老师说："我的签名要签在袖子上，这叫祝你们一臂之力。"我们笑着闹着，也不知道为什么，笑着笑着眼圈就红了。其实每个人心中都明白，这一天我们走出校门，再次回来就是7号的高考了，高考过后再回来，我们就不再是高三学生了，我们的名字是"2018届燕附毕业生"。或许此后我们可以天天回来，却再也不会有课堂，再也不会有作业，再也不会有考试了。变轻松的同时，也失去了许多许多。

6月4日，在回家的831上，我紧紧攥着你的手，似乎这掌心的温度，是高中三年的余温，是我们一路走来的温存，是我们并肩作战的亲密。车进站了，我们的手也松开了。一句"高考加油"过后，我们对彼此说着，以后有机会，我们还一起回家；以后有机会，我们要时常联系；以后有机会，我去找你，你来找我。背过身，没有看见你的泪，但我清楚地知道，你哭了。

曾经看过一个帖子，楼主问大家愿不愿意再重上高中三年。我默默地关闭手机屏幕，从衣柜中拿出那件红白相间的燕附校服，"我愿意，再苦再累，我都愿意"。

# 成长在燕附

北师大燕化附中 2018 届应届毕业生 首都师范大学 孙赫雨

不觉间，我已在燕附度过了三次春夏秋冬。三年前接到录取通知书时的欢欣与喜悦至今仍使我记忆犹新。回首三年求学时光，我最大的收获，便是成长。

在初中、高中的学习生涯中，我始终有一块"心病"——数学。它仿佛是我学习道路上的一座巨峰，我怎么也逾越不了。中考数学的 96 分已在我心中蒙上一层阴影，本以为高中加倍努力地学习数学，一定能让我的成绩有一定提高。但是，高一第一次期中考试，60 分的数学成绩又把我学习数学的小火苗无情地浇灭了。

正当我灰心丧气，对数学不抱任何希望的时候，数学张老师温暖的笑容出现在我面前。没有一丝责备我数学成绩太不理想的意思，从他的笑容里，我只看到了鼓励，从他的眼神中，我看到了信任。从那一刻起，我喜欢上了这个表面严肃，内心温暖亲切的老师。正是这种对张老师的喜爱，才让我重新对数学课充满期待，不知不觉间，对数学也重新燃起了希望。

每次遇到数学的瓶颈，张老师都会鼓励我，还教导我要把一道题或者一类题反复地做，要真正把它"吃透"，才能一点一点找到做题的方法。这个办法的确对我的数学学习起到了重要的影响。我不再像是无头的苍蝇一样在题海中胡乱地飞，还屡屡碰壁，而是一点一点有计划地攻破每一个难点。在这个过程中，我从气馁变得不再服输，越是困难，我越是想迎难而上。因此，自信心一点一点建立起来，成绩也在逐步提升。

不仅是张老师，还有我的同桌也给了我极大帮助。当时我的数学成绩在班里是倒数的，但我同桌的却是数一数二的。他看出我学习数学有困难，就主动地把他的学习方法分享给我，告诉我要及时总结，及时反思，不能遇到难题就放弃。

不仅如此，每当我遇到不会的问题，他都会不厌其烦地为我讲解。不管是课间、午休还是晚饭时间，都能在班里看到我们讨论数学问题、刷数学题的身影。甚至我们会比赛刷王后雄的速度、题量和准确率，虽然我总是败给他，但是这些快乐的时光让我找到了学习数学的乐趣。

升到高二，我很幸运地遇到了周老师。周老师给我的第一印象是严厉，因此开始时还有些怕她。后来通过周老师细致工整的板书、画着"小三角"的作业及记录同学们改错情况的笔记，让我看到了一位认真负责的老师，并对她心生敬意。再后来发现周老师严厉的外表之下竟藏着一颗年轻又可爱的心时，我便更加喜爱她，也更加喜欢数学，这时我的数学成绩也变得越来越稳定。

在高二最后的期末考试中，我竟然考了数学的年级最高分，这无疑给予了我巨大的信心。因为我把我曾经的弱势变成了优势，这种成就感是我一直不曾拥有的。这可以算是我成长道路上的一座里程碑。感谢我的老师和同学们曾经给予我的鼓励和帮助，让我跨越了内心的障碍，收获了不服输的精神，更让我在填报大学志愿时，毫不犹豫地选择了师范学校数学专业，坚定了将来成为一位数学老师的决心。

我爱燕附，这个伴我在最美的青春时光一起成长的地方。

# 成长在燕附

📝 北师大燕化附中 2018 届应届毕业生 湖南大学 王飞扬

距离高考结束已经两个多月了。因为这篇征文，我重新回忆起在附中的三年。

时针拨转到 2015 年，第一次进入班级的时候，在崔老师的带领下，我们进行了一个简短的班级建设活动，同学们互相介绍了自己。"我叫王飞扬，来自东风中学，喜欢足球篮球。"那时不爱说话的我和同样来自东中的同学们坐在一起，经过一次又一次的默念后结束了这简短的自我介绍。其实其他同学的自我介绍的情景已经模糊了，毕竟日后的相处太过深刻，而在这紧张下的接收就显得相形见绌了。那时的我，只是一个沉默而略带害羞的男孩。

高一的学习压力不是很重，全班住宿又给了我们疯玩的机会。每周二、周四一下间操，我们就会在操场踢球到下午六点，又飞奔着去洗澡，生怕赶不上半小时之后的晚补。下完晚补之后，我会和几个要好的同学去爬杆、蛙跳，一直玩到再晚宿舍门就打不开的时候。那时的成长对我来说，不只是运动后的身体变得更强壮，而是能和志同道合的朋友们打成一片。羞涩已经褪去，留下来的友情和交朋友的经验是一辈子的财富。

因为高一时候的放松，成绩也一直在下滑，高二我也就没有像之前那么疯玩，把心放在了学习上，也就是那年，我的成绩开始缓缓提升。平静的高二，平静的记忆，直到放暑假的一个噩耗打破了平静：年级组长去世了。不会吧，耿老师那么健康，怎么会呢？当我看到所有人的空间、朋友圈都刷满了他的名字时，我开始意识到这是真的。记事以来，这是我第一次经历身边的人的生离死别，我当时的脑袋就像是一张白纸一样，回不过神来。耿老师的一点一滴，敲打在我脆弱的心上，就这样浑浑噩噩地过了几天以后，我的生活才慢慢步入了正轨。逝者已去，生者更要坚强。"只有好好学习，才能回报耿老师兢兢业业的付出。"新的年级主任教导我们。是的，耿老师为我们操尽了心血，学习不应该只是靠自己的意愿，也要承担起逝者对我们寄托的希望。面对生死，我有了最浅薄的认识：生者更应该承担起责任，继续前行。

高三的第一天，我就迟到了，但这并没有掀起太大的波澜，因为这个 16 个人的小班的氛围实在是太安静了，没有足球，没有爬杆，没有蛙跳，有的只是全身心的学习。刚到这个班的时候感觉有些孤独，因为没有了一块玩的朋友。但是渐渐地，我也被同化在了这个集体当中，也感受到了拼搏学习的乐趣。毕竟高三了，不应该再留下遗憾。于是当以前的朋友叫我出去玩的时候，我也会选择性地拒绝了。这让我想起高三有一次我和足球队的朋友出去玩，深夜才回到家的时候我爸和我说的一番话，他说每个人的追求不一样，我们可以玩在一块，只是我心里应该清楚我想要的是什么。直到那时我才理解了这番话的含义，不是说我的朋友没有追求，也不是说不应该再和他们玩，只是每个人应该找到最适合自己的方式方法，而对我来说，最好的就是像理 A 班大多数一样完全投入学习，而少一点玩耍。高三，我学会了拼搏，更学会了独立地拼搏。

虽然开学要去外地读书了，但是我相信就像是当年羞涩的我圆满地度过高中三年一样，大学的我也一定会成长，学习很多。

最后说到成长，其实我一直以为成长是一个很虚的东西，因为它总是在不知不觉中发生的，而具体在哪一个时间点却并不知道。但当我回想起刚入学的样子，又想想我现在的生活状态，我就知道成长是的的确确发生了的。在燕附的成长，注定会在我的人生中留下不可磨灭的印迹。

# 成长在燕附

📝 北师大燕化附中 2018 届应届毕业生 首都经济贸易大学 姚顺

　　北京师范大学燕化附属中学是我高中三年学习和生活过的地方。发自内心地讲，在燕附这三年是我人生中永远无法抹去的记忆。在高考结束后的多少个夜晚中，我躺在卧室里回忆着，思考着，甚至审视着自己高中三年的学习生活历程。我发现有收获也有遗憾。

　　先谈谈收获。

　　首先，我以"独立思考"为座右铭，时刻不忘警戒。随着学习的进步，我的心智也成熟了很多，我认为这对于将来很重要。我与老师和同学们建立了浓厚的情谊。老师们的谆谆教导，使我体会了学习的乐趣；同学们的互帮互助，使我感受到了友谊的伟大。

　　其次，我更加注重个人品行。我崇拜有巨大人格魅力的人，并期望自己也能做到。在三年中，我坚持着自我反省，且努力地完善自我的人格。我利用课余时间读了一些相关书籍，我觉得它们对我很有帮助，也越来越认识到品行对一个人来说是多么的重要，它关系到一个人是否能构成正确的人生观、世界观。所以无论在什么状况下，我都以品德至上来要求自我。无论何时何地我都奉行严于律己的信条，并切实地遵从它。我平时友爱同学、尊师重道、乐于助人。我以前只是觉得帮助别人感到很开心，此刻我理解到，乐于助人不仅仅能铸造高尚的品德，而且自身也会得到很多收获，帮助别人的同时也是在帮助自我。回顾三年高中生活，我很高兴能在同学有困难的时候帮助过他们；相对的，在我有困难时我的同学们也无私地伸出了援助之手。对于老师，我一向是十分敬重的，因为他们在我彷徨的时候指导、帮助过我。没有老师的帮助，我可能不会明白该何去何从。我领悟到，与其说品德是个人的人品操行，不如说是个人对整个社会的职责。一个人活在这个世界上，就得对社会负起必需的职责义务。有了高尚的品德，就能正

确认识自我所负的职责，在贡献中实现自身的价值。

最后，参加社会实践，提升个人潜力。三年中，我参加了不少校内活动及社会实践活动。参加校内活动能够认识更多的同学，增加了与其他同学交流、学习的机会，锻炼了交际能力。社会实践活动开阔了我的视野，我学到了许多在课本上无法学到的东西。

再说说遗憾。

我在高中有不止一个遗憾，甚至在将来的某一个时间点还会生发出一些。但是我认为最大一个遗憾是我在高三的学习中没有突破自我。它主要体现在我高三一年的学习状态上。我甚至觉得我高三学习的冲劲还不如高一、高二时的自己。这只是我自己的感觉，并且我到现在也很困惑究竟为什么会这样。但是我坚信我一定会找到答案，我不会让类似的遗憾在我的大学乃至今后的人生中再次出现。

总之，在燕附的三年学习生活让我在心智层面、知识层面都有了质的飞跃。这三年将成为我人生中最为珍贵的回忆。因为我的高中生活是用拼搏的汗水浇灌的，是用喜悦的泪水筑成的！

# 成长在燕附

✎ 北师大燕化附中 2018 届应届毕业生 北京工业大学—清华大学双培 范征

怀着对初中的留恋、对未来的憧憬，我开始了新一阶段的求学生活——高中。

初入燕附教学楼，我心怀忐忑地走进教室，既期待新的开始，又害怕这陌生的一切。不熟悉的上课铃声，与以往不同的教学环境，无一不在告诉我：这不再是牛奶般香醇的过去，而是像橘子一样酸甜参半、有喜有忧的高中时代！

上高中前我曾以为高中的生活是枯燥乏味的，但真正在燕附开始了学习我才发现，原来高中并非地狱式学习，在燕附的生活依旧多姿多彩。

为期 10 天的军训是我们升入高中的第一项挑战。军训中，我们不断地重复着枯燥的动作，每个人都筋疲力尽。但每一位同学都意志坚定，丝毫没有放松。广播操学习、分列式训练更加强了我们每一个人对班级的责任心，军训成了将我们凝聚在一起的第一股力量。

此外，校内还有丰富多彩的社团活动，我加入了学校管乐团演奏萨克斯。在乐团中每一个人都起着举足轻重的作用，任何一个音符的错误都会影响乐曲的整体质量，因此我们需要相互配合、相互合作。从一开始的一盘散沙慢慢磨合，乐团也越来越默契，乐曲的完整性、感情的表达都飞速进步。

管乐团丰富了我的校园生活，为我提供了施展才华、张扬个性的机会，培养了我的实践能力，提高了我的审美情趣和艺术素养。

作为一名高中生，最主要的任务还是学习。高三是高中里最重要的一年。这一年，我们经历了房山统考、期中考试、期末考试、一模、二模、高考共六次大考。我们在每一次考试中会发现自己的不足并加以改正，取得进步。学业虽然繁

重但却不枯燥，我们在竞争中成长，也在竞争中收获了珍贵的友谊。

三年时光如此短暂，转眼间我已高中毕业。高中生活充满着挑战，我无数次地跌倒，又无数次地爬起。正如沙漠中的旅人，跌跌撞撞地寻找自己的路。在一次次的生活磨砺中，我已懂得生活中有雨也有风，只要我们留存坚定的信念，每一次站立都是生活中一道绚烂的彩虹！

远方的路尽管漫长，我已不再迷茫。背起行囊，也就背起了无数的希望。

# 成长在燕附

✎ 北师大燕化附中 2018 届应届毕业生 北京工业大学 祁硕

18 年来，无论是成功的喜悦，还是失败的痛楚，无论是鲜花的芬芳，还是泪水的苦涩，都悄然地远了，远了。回头看着步履蹒跚一路走来的我，才发现那时的我已非彼时的我，才发现原来什么都回不去了，什么都过去了。

上高中以前，我问自己为什么要那么努力地学习？为何我就不能当一名乖巧的差生？那样就不会承受那么多的压力。但是到了高中后，我却知道那样不可以。不光因为我看到父母苍白的双鬓而想要回报他们对我的付出，还因为我的诸位战友。

这是我的成长。是因为有了挑灯夜读的同学，我才有了学习的榜样；是因为有了深夜陪读的老师，我才体悟到学习的重要与庄严；是因为校领导的高度关注与支持，我才能够快乐而轻松的学习。所以，我一刻不停地学习着，努力而顽强地学习着。曾跌倒过，却硬撑起来。尽管有时摔得头破血流，泪流满面，但流过泪之后看到的世界更清晰，更真实。我相信所有的困难都是可以解决的，即便天塌下来，请相信我，活过来就是明天，明天就是希望。所以我快乐地接受着，我开心地生活着。因为笑着过是一天，哭着过也是一天，为何不笑？为何不化悲愤为力量？成长岁月中的选择，是对是错，我无法衡量；是满载而归还是一无所获，我无法回答；我只知道是自己选择的就不要后悔，我只知道收获了太多东西就贬值了。

每一份感动，都隐藏在每一句话、每一个微笑的背后。若能感到彼此，那便是一份心灵的默契。在漆黑的夜里，同学与老师是我诚挚的伙伴，也是漫漫求学路上心灵的依托。他们让我拥有了这个世界上永远的明亮和不变的宁静。

成长是需要付出代价的。无论是拥有还是错过，丢失还是迷离，都是我们用年轻、脆弱、执着的心灵去撞击伤害而换来的。我们都会长大的，我们终究会成长。

　　这些都是我对高中生活的所悟所感，我感觉比入学时成长了太多太多。

# 附中学习生活的感受

✎ 北师大燕化附中 2018 届应届毕业生 北京工业大学—北京航空航天大学双培
陈鼎华

高三的生活并不像他人口中那样枯燥、乏味，也并不像电影桥段那样紧张得让人喘不过气来，它像一首歌，欢快、明亮、充满活力地奏着。

刚升高三，来到燕化附中报道，正值 8 月盛夏，学校将年级前 15 名单独分成了一个班，小班教学，有利于同学们之间相互交流。很幸运，我被分到了里面。报道那天，学长的言传身教和班主任对我们的期望，使我的血液沸腾起来。人生就像一场长跑，我们都不断地和自己赛跑。前路如何，一直掌握在我们自己手中，我们将会成为我们选择成为的模样。

高三一年学习上始终以扫雷的方法发现薄弱区，提升能力。"扫雷"是我们班主任之语，意为我们要吸取上届学长们的教训，及时发现、改正自己的错误，并能够举一反三，保证做此类题时不再犯同样的错误。

燕化附中的肉饼值得一提，加量加肉不加价，人间美味，我一顿能吃三个，就是老抢不到，是抢不到，而不是买不到，足以说明它的美味。吃完它，学数学，道道题都是送分题；吃不着它，道道题都是送命题。

最后一届运动会的场景仍然历历在目。我们人人手举"五年高考三年模拟"的标语，彰显了我们好学的精神。

每天反复地做题中，张新禄老师的数学课无疑是黑暗中射进来的一缕耀眼的阳光。我们都亲切地叫他禄哥，他的许多话让我们开怀大笑。例如，"别喝水了，越喝越水，再喝就成水货了""快考试时，着急也没什么用了，年二十九买年猪，喂激素，年三十就杀了，再怎么喂，也来不及了"。禄哥还送了我们一份大礼——

1.4GB 的数学题！五十年高考三十年模拟，冲向高考满分之路。张老师幽默风趣的说话方式和轻松娱乐的上课氛围，让我深深地爱上了数学。

希望总是在你竭尽全力、拼死拼活后才出现。过去偷的懒，早晚有一天会变成巴掌打回来。英语听力对我来说是一个巨大挑战。我不得不比常人多努力些，早上起来听，中午吃饱饭后听，晚上睡前听，连听的音乐都是英文的，再加上和蔼的英语老师经常给我们播放英文电影，让我的英语听力水平突飞猛进。最终英语高考，我的听力部分得了满分。

理 A 班最大的特点就是安静，因为班级所在的地方与世隔绝，独特的地理位置让我们能始终净、静、竞，成绩不断提升。我们始终焚膏继晷，夜以继日地努力学习。

最痛苦的不是失败，而是我本可以。本可以在看手机时做做数学题，本可以在看视频时学学语文，本可以在无所事事时背背单词，是我自己放弃了本可以更幸福的权利。但回头想想，难道只有次次考第一才是成功吗？未来走上工作岗位，面对新的任务、新的挑战，什么才是最重要的呢？是学习能力。拥有良好的学习能力，将让我们终身受益。

有人曾说，你的每一次负重前行，都有着世界的温柔善意如影相伴。所以我要学会感恩，感谢燕化附中的培养，感谢燕化附中的教育。

# 生活在燕附

北师大燕化附中 2018 届应届毕业生 北京工业大学 鲁思宇

三年转瞬即逝，想必一个人的人生中最值得怀念和留恋的日子就是在 18 岁了，18 岁的我们正处在人生的花季，我人生中最美好的时光是在附中度过的。在这里我遇到了知心的朋友、耐心而温柔的老师和友爱的同学。

中考的失利使我与理想的学校擦肩而过，有过遗憾，更有过不满，就这样我进入了燕附的大门。但以我的中考成绩，并不能进入燕附最好的班级——石化科技班，幸好还有一次分班考试，我在那次考试中正常发挥，就这样我进入了石化科技班。或许这就是上天冥冥之中的安排，让我在对的时间遇到了对的人，干了对的事。

还记得我们青涩地做着自我介绍，在军训中一起挥洒汗水，喊着嘹亮的口号，迈着整齐的步伐。我们在太阳底下站军姿，在昏暗的灯光下练习自编操。果然苦心人天不负，我们从一开始的"群魔乱舞"，到最后展示时的整齐如一人在表演，赢得校领导、老师和教官的一致好评。我们的汗水终于得到了回报。

军训磨炼的是我们的意志品质，使我们能在后来的学习生活中面对困难不轻言放弃。高一的我一开始还没有意识到学习的重要性，班主任张老师也是煞费苦心，请了很多他之前教过的，优秀的学哥学姐跟我们分享学习经验。我从中了解到了学霸们是如何学习的，更知道了人家学习好的原因。最可怕的莫过于比你优秀的人比你还努力，从那时我开始暗下决心要努力学习。心中想的是一回事，实际做的又是另一回事。我总是买了一堆练习册，打算把它们都写完。实际却是到了一个学期结束，练习册还空了一大片。

人生或许总是充满遗憾，改过自新重新开始才是根本。曾记否老师在讲台上挥汗如雨地讲课；曾记否面对难题毫无头绪时，老师耐心地讲解；曾记否同学们共同奋斗的日日夜夜，比赛着做题；曾记否考试失意时，老师和朋友温暖的怀抱和鼓励……

高二是文理科的分水岭，也是高中的分水岭。我们因文理不同而分班，却并未因此而心灵疏远。我们哭过，不舍过，最终还是送上美好的祝愿，愿朋友在另一个班中过得好，学习更上一层楼。高二无论是知识的难度还是广度都有了很大的提升，这更需要我们绷住劲，不能放松。身在一班，我们得到了许多别人得不到的优待和机会，我们参观中科院，感受科学的神奇，到中关村创业街感受创业的不易，并从中受到了许多关于自主创业的启发。学校请来各种专家，给我们做演讲，让我们了解新科技，开拓我们的视野。可以说我们能到今天这一步，离不开老师和学校的用心培养。

一转眼就到了高三，经过再一次分班，我很幸运地进入了理A班，班主任是美丽大方的穆兰老师，我们都亲切地叫她"企鹅姐姐"。身边是各种大神，他们学习都十分优秀，时刻激励着我向上。高三虽然忙碌，但也有各种各样的课余活动丰富着我们的生活。篮球赛场上，我们奋力拼搏，运动会上，我们分秒必争，都取得了优秀的成绩。学习和运动兼顾使我们逐渐成长为德、智、体、美、劳全面发展的新时代的高中生。

高三虽然每天都是做卷子，但我们的生活也充斥着欢乐。记得我们课间在电脑上P图，几个男生像孩子一样的追跑打闹，一次次地学着老师们的方言和口音，这些已经成了我们生活的一部分。

临近高考，看着黑板上方的数字逐渐减少，最终变为个位数1，我们更多的不是紧张，而是自信。我们期待着高考的到来，希望在高考的考场上一展风采。6月7日，我们信心满满地踏进高考考场，流畅地书写着试卷；8日，随着最后一科英语的铃声响起，高考圆满结束。看着同学们脸上的笑容，想必大家都发挥得十分出色。

成绩出来后，果然大家都考得很好，班级平均分超过了610分，这一切都离不开学校和老师们的悉心培养，才有了如今的成绩。同学们一定都能考入自己理想的大学，有一个美好的未来。

# 看到成绩心中有惊喜 但更多的还是感谢

北师大燕化附中 2018 届应届毕业生 北京航空航天大学 武晨涛

首先，我要感谢所有的老师。从课堂上或严肃或风趣的讲授，到讨论时针锋相对的激辩；从批改作业时那一句句鼓励和督促，到促膝长谈时的循循善诱。老师们的辛勤付出给予了我挑战困难的勇气，不畏挫折的信念，砥砺前行的希望。老师们是我高中生活的引路人，更是我人生的导师。

其次，我要感谢我所在的班集体。班级中气氛既有踏实奋进的严肃，又有思维碰撞的活泼，互帮互助，团结和谐。班级强大的凝聚力、浓厚的学习氛围，为集体中的每个人都创造了良好的学习和成长环境，让我们平稳地度过了高中的心理波动期，并助我们在成长之路上披荆斩棘。能在这样的班集体中生活和学习是我的幸运。

最重要的是，我要感谢学校三年来对我的培养。学校为我们的学习创造了良好的环境条件，教学楼安静整洁、食堂菜品种类繁多、宿舍温馨舒适，使我们在学校也能感受到家一般的温暖，让我们的学习和生活舒适顺利。同时，学校也给我了极大的发展平台。几次参加辩论赛的机会使得我开阔了眼界，参加全国机器人比赛更是给了我和其他省市的顶尖学生较量的机会，使我学到了很多书本上得不到的知识。学校也开设了许多特色课程。在学校的小型酿酒基地我们酿出了醇香的美酒，更学到了其中所蕴含的化学和微生物知识；在物理 DIY 社团的校本课上，我们利用所学的知识做出了电磁炮、发电机。这些特色课程提高了我们的动手能力和综合素质，将知识和生活联系了起来。

感谢各位老师、同学及三年以来培育我的母校。正是你们对我的帮助，给我的机会让我能够顺利成长。高中生活虽然结束了，但美好的回忆会永远留在我的心中。带着"附中学子"的身份走向远方，我的心中既坚定又自豪。

# 在燕附成长

📝 北师大燕化附中 2018 届应届毕业生 首都医科大学 陈雨晴

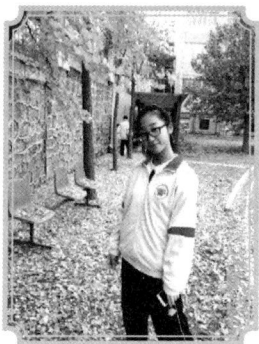

迎着 9 月凉爽的秋风，我怀揣着对高中生活的期待与好奇迈入了燕附的大门，开启了人生一段新的旅途。

开学前的军训，被汗水浸湿了一遍又一遍的迷彩服让我在艰苦中学会坚持，学会坚强。在新的环境里，与刚刚组成的新班级在一起，大家渐渐从陌生、害羞变得熟络，变得越来越团结。在这里我结交到了更多的好朋友，让我感受到了患难见真情的温暖。

高一时的我，还未感受到那种为人生而放手一搏的肃穆紧张的气氛。我积极地参加着各种各样的活动，在各个方面都得到了发展。模拟联合国，我因扮演外交官而更加了解了国际时事，并且在与其他国家的外交官的交流中充分锻炼了口才，变得更自信。在同学自编自导的话剧《光阴的故事》中饰演媒婆，和大家一起参加了多次演出，给观众们带来欢乐的同时，自己也感到许多天的努力排练是值得的。在运动会中为班级拼搏，让我懂得了集体的荣誉远大于个人的荣誉。学校留给我们对自己理想大学规划的任务，让我在高一就找到了自己未来的方向，并为之努力。

在经历了一年的磨砺后，步入高二的我在学习方面渐入佳境，紧张有序地应对着各科增加的知识量。面对着步入高三时的分班考试，带着对未来的憧憬和些许的紧张，我开始暗暗地加劲。在这时我也更加坚定了我学医的理想，也为以后的拼搏积蓄力量，以更加成熟的心智准备迎接即将到来的挑战。

高三，我在理 A 班感受到了前所未有的压力。在众多的大神中，自己竟是那么的渺小。一直很要强的我，开始追击。各科繁重的复习任务，让我有些束手无策。一次次考试带来的打击让我绝望，但也慢慢让我内心变得强大。课间，我无数次推开各科老师的门，与老师们交流学习方法。我怎能忘记是穆兰老师在中午或是晚上放学一次次地帮我批改作文，告诉我写作的方法，才让我从面对着稿纸不知从何写起，到在考场中短短的时间里完成语文试卷。我怎能忘记张老师面对着有点反应不过来的我，一遍又一遍地给我讲着那永远都搞不懂的导数椭圆。我怎能忘记马老师陪我在班里的小窗台上读着那怎么也看不懂的 D 篇。那一次次在物理课上流下的泪水包含着多少焦急与对恩师的感激。零模后陷入了深深的绝望的我，若是没有雷老师陪我说了很久悄悄话、为我分析试卷，可能真的很难走出这次打击。这一年让我成长太多太多，心中的许多感激却不知从何说起，但这些一次次温暖过我的老师们，我将永生难忘。

燕附，我怎么能不爱你。我的青春都在这里，我努力为自己梦想拼搏的身影留在这里，我最好的朋友们是从这里与我相遇，我最爱的老师们依旧在这里影响着一届又一届的孩子们。我将带着最美的回忆续写更加绚丽的未来。

# 2015—2018 在燕化附中学习生活的这三年是我快速成长的三年

北师大燕化附中 2018 届应届毕业生 首都经济贸易大学 周若逸

2015 年 9 月高一刚刚开学，我还不是很适应高中的学习节奏，第一次期中考试九门中有将近一半的科目都将将及格。还好有班主任张会慧老师的点播和鼓励，我利用每天中午的时间去各位老师的办公室改错题。终于，在高一的上半学期期末我排进了年级前 20 名。也正是期中的打击，让我渐渐跟上了高中快节奏的学习，找到了适合自己的学习方法，算是完美适应了高中生活。

2016 年 9 月正式升入高二年级。这年文理分科重新分班，我被分进了高二（1）班。第一次班会自我介绍，面对 30 多张不熟悉的面孔，我有些慌张。后来我慢慢地融入了这个班集体，结识了许多活泼可爱的新朋友。高二的学习比高一更紧张繁重，有时候我的考试成绩不是很理想，班主任张爱平老师都会鼓励我，予以我肯定和支持。这让我信心满满，性格也逐渐开朗起来。

学校也组织了很多有意思的活动，最难忘的是去中关村两天实践。短短的两天内我们体验了 3D 打印技术，用 3D 打印笔亲手制作了小"铁"塔；拜访了中关村创业大街，感受了热血青年的创业激情；听了北交大教授关于人生规划的讲座，明确了人生的发展方向……

2017 年 9 月，我正式升入高三，开启了最充实紧张的备战高考的学习生活。这年学校分层教育管理，我被分进了高三（11）班，感谢学校给了我们这么好的教育资源。高三这一年不仅是紧张的学习给我留下了深刻的印象，运动会、跑操比赛、篮球赛等也成为记忆中不可多得的色彩。高三是我高中第一次参加运动会，谢谢学校组织的各种运动会比赛，让我有了挑战自己的勇气，最终战胜了自我。

2018年2月，高中最后一学期开始了，这半个学期被测验、考试充斥着。每次模考过后有人欢喜有人愁，感谢班主任穆兰老师，不断地安慰鼓励大家，肯定大家的实力，并且帮助我们制定每一阶段的学习目标，让我们有了前进的动力。也要感谢每个科任老师，夜以继日地和同学一起努力，耐心地解决每个学生的疑惑，给我们加油鼓劲。

现在我们毕业了，离开了学习和生活了三年的燕化附中。回想这三年，有兴奋激动，也有失落焦虑，但正是这些促使我慢慢进步，一步步地战胜过去的自己，迈向未知的、全新的自己。美丽的操场、气派的多功能厅、庄严的教学楼、美味的食堂……这些交织在一起，组成令人难忘的关于燕化附中的记忆。

感谢北师大燕化附中，希望母校越来越好！

# 成长在附中

北师大燕化附中 2018 届往届毕业生 北京大学医学部 朱岳峰

在 2017 年高考中，我发挥得不好，没有被理想的大学所录取。出于不甘心，出于不服输，我选择复读，加入了北师大燕化附中高三理 A 这个大家庭。

我的父母都是附中的老师，从记事开始我就在附中玩，对附中的一草一木都很有感情，附中的叔叔阿姨都看着我长大，因此我对附中有着十分特殊而浓郁的情感。而当我作为一名学生来到这里时，附中便成了我追逐梦想的地方。

在这里，有最认真负责的老师，有着友好、勤奋、充满活力又各具特长的同学，有着浓厚的学习氛围和团结的班级氛围。我们在这里共同学习，互相讨论，在思维与灵感的碰撞中弥补漏洞，相互启发，每个人都得益于团队又对团队有所贡献，我们的学业水平，逐渐地提高着。

我们的班主任穆兰老师非常认真负责，每天早上都会在 7：10 之前到班并利用早读的时间讲解论语，时不时地也会找同学当面沟通，了解同学们学习、生活中的困惑并加以疏导。穆兰老师非常温柔，被同学们亲切地称为"企鹅姐姐"。数学张新禄老师，非常注重对我们思维的训练与方法体系的构建，经常对同一种题用多种方法解答，或者用一种方法解决多种类型的问题，这样注重归纳的讲课方式让我们受益匪浅。英语马华宇老师则非常重视我们语感的培养，有时会精心挑选电影在晚自习时段给我们看，培养我们的听力以及对英语语言的敏感程度与熟悉程度，此外她会从各种途径筛选好句子、好表达并鼓励我们自己去发现，以此来提高我们的英语语言质量。物理杨永吉老师针对物理题公式多、步骤繁、需要回归原理的特点，从原理、运算、公式选择以及特殊方法取巧等多个角度来讲解物理题，他深入浅出地讲解帮助我们对物理题以及生活中的物理现象有了更为透彻的理解。化学雷红茹老师是我的母亲，我亲眼见证了她是如何的认真负责，她经常晚上备课到 11 点多，只为了第二天带给同学们高效、有方法引领的化学课。同时，她针对不同同学存在的问题进行个别辅导、答疑，使他们树立学习化学的信心。生物姚国虎老师非常重视基础知识的掌握以及实验思路的构建，他精心编纂了讲义，在保证我们知识体系完整的基础上，提升了我们对实验目的、研究方法、结果等因素的认识。拥有这些充满爱心、有教育智慧又极具责任心的老师，我感到非常幸运。

经过了一年的努力，我又一次走进了高考的考场，这一次，我准备得更加充分。在今年的高考中取得了 671 分的成绩，相较于去年进步很大。我非常感谢燕化附中给我提供的良好的学习环境，感谢老师们的教导与奉献，感谢同学们的关爱与帮助，同时也要感谢父母一年来的支持与陪伴。是他们，让我这一年成长了、成熟了、进步了。

在附中学习的这一年，已成为我心中难以抹去的记忆，祝愿附中越办越好，祝愿附中培养出更多的国家栋梁，愿希望教育结出硕果！